"He leído muchos libros buenos sobre cómo lidiar con la tentación, pero este de Russell Moore se destaca como único en su clase. Puedo garantizar que tu salud espiritual se beneficiará en gran manera si prestas seria atención a esta obra. Te ayudará no solo a entender cómo funciona la tentación, sino también a vencerla".

Rick Warren, pastor de Saddleback Church, Lake Forest, California; autor de *Una vida con propósito*

"En *La tentación y el triunfo de Cristo*, Russell Moore examina cuidadosamente la pecaminosidad de nuestros corazones, pone al descubierto bíblic̶m̶ ̶ ̶e las artimañas de nuestro adversario y, fin̶ꞌ ó al pecado y la muerte. En realidad, Crisꞇ bro nos dirige a Él de manera gloriosa".

David Platt, pastor principal de T. m, Alabama; autor de *Un pueblo radiꞈ*

"Russell Moore nos ha entregado un libro que es a la vez teológico, personal y literario, y nos invita a entrar en la historia de la guerra de Jesucristo contra la tentación. Allí descubrimos nuestra propia guerra contra un enemigo que tenemos dentro y que merodea a nuestro alrededor. En lugar de un enfoque basado en fórmulas para resistir la tentación, Russell nos muestra cómo mirar a Jesucristo, quien logra lo que nosotros no podemos lograr y nos acompaña en nuestra batalla. Te advierto, este libro te abrirá los ojos a la tentación en maneras que te dejarán incómodamente alerta".

Mike Cosper, pastor de Worship and Arts, Sojourn Community Church, Louisville, Kentucky

"Russell Moore es un escritor fascinante, y sin duda al poco tiempo de estar leyendo este libro descubrirás que también sabe algunas cosas que debes conocer acerca del engaño de nuestros corazones, las pruebas de la tentación, las maquinaciones del tentador y el poder y la gracia del Salvador. Sabio para su edad, y sin disimular su enfoque sobrenatural y bíblico, casi escucho al antiguo puritano Thomas Brooks hablándome en las palabras del doctor Moore (¡aunque en un dialecto de Mississippi!). En uno de los grandes himnos de la Iglesia (Jesús, amigo de pecadores), cantamos: 'Tentado, probado y a veces fracasado, Él mi fortaleza y mi victoria triunfa'. ¿Pero cómo? Eso es lo que Russell Moore nos muestra en este libro. Léelo. Examina tu corazón. Ora pidiendo gracia. Y únete a la lucha".

Ligon Duncan, ministro principal de First Presbyterian Church, Jackson, Mississippi; presidente de Alliance of Confessing Evangelicals

"El nuevo libro del doctor Russell Moore, uno de los más prácticos que he visto en mucho tiempo, es un excelente manual sobre cómo reconocer y lidiar con la tentación. Su prosa es atractiva, su fundamento bíblico es sólido y sus ilustraciones resultan animadas y coherentes".

Patrick Henry Reardon, pastor de All Saints' Orthodox Church, Chicago, Illinois; autor de *Christ in the Psalms*

La

TENTACIÓN

y el

TRIUNFO

de

CRISTO

Russell D. Moore

Editorial
PORTAVOZ

Título del original: *Tempted and Tried*, copyright © 2011 por Russell D. Moore. Publicado originalmente en inglés por Crossway, un ministerio editorial de Good News Publishers, Wheaton, Illinois 60187, U.S.A. Todos los derechos reservados.

Título en castellano: *La tentación y el triunfo de Cristo* © 2020 por Editorial Portavoz, filial de Kregel Inc., Grand Rapids, Michigan 49505. Publicado con el permiso de Crossway. Todos los derechos reservados.

Traducción: Ricardo Acosta

EDITORIAL PORTAVOZ
2450 Oak Industrial Drive NE
Grand Rapids, Michigan 49505 USA
Visítenos en: www.portavoz.com

ISBN 978-0-8254-5902-3 (rústica)
ISBN 978-0-8254-6802-5 (Kindle)
ISBN 978-0-8254-7624-2 (epub)

1 2 3 4 5 edición / año 29 28 27 26 25 24 23 22 21 20

Impreso en los Estados Unidos de América
Printed in the United States of America

A Samuel Kenneth Moore:
Dios escuchó nuestra oración cuando clamamos por ti.
Oro pidiendo que tú escuches tu nombre
cuando Él te llame (1 Samuel 1:20; 3:10).

CONTENIDO

Reconocimientos

Me gustaría decir que escribí este libro en el desierto, en una caminata de cuarenta días de oración y ayuno. Pero no fue así como sucedió. En cambio, me fui a casa. Mi familia y yo dejamos el torbellino de nuestras vidas en Louisville y nos dirigimos al sur hacia nuestra ciudad natal de Biloxi, Mississippi, justo cuando la primavera daba paso al verano. La mayor parte de este libro se escribió allá, con vista a mi amado Golfo de México desde una habitación frente al mar, o escuchando el ruido de los tranvías en el barrio francés de New Orleans. Y debo decirte que, sí, me declaro culpable de limpiar una mancha de azúcar en polvo de la página recién terminada sobre la tentación de convertir piedras en pan, dándome cuenta de que su escrito estaba acompañado por pastelitos y café con leche.

Para este tiempo me hallaba endeudado más allá de las palabras con el presidente R. Albert Mohler y con la junta administrativa del Southern Baptist Theological Seminary. Me sorprendieron en mi quinto aniversario como decano con este mini sabático, y era lo que yo necesitaba para llevar a cabo este proyecto. Estoy agradecido con el presidente Mohler y mis colegas, especialmente Dan Dumas, Randy Stinson, Chuck Lawless y Don Whitney, por encargarse mientras estuve lejos de mis responsabilidades, que incluyen los ejercicios de graduación de mayo. También agradezco a mi congregación, el campus de Fegenbush Lane de Highview Baptist Church, por concederme generosamente una licencia durante este tiempo.

Reconozco con gratitud a las personas a las que supongo suelen llamar mi "equipo de asistentes", aunque a mí me parecen más auténticamente mi familia: Robert Sagers, Christopher Cowan, Katy Ferguson, Phillip Bethancourt, Ruthanne McRae y Daniel Patterson. Estoy particularmente en deuda con Robbie Sagers, mi colaborador, estudiante y amigo por su trabajo continuo en este y muchos otros proyectos, y a Daniel Patterson, quien editó cada capítulo a medida que yo lo terminaba, y cuyos atinados comentarios me resultaron muy valiosos.

Estoy agradecido con el equipo de Crossway, especialmente Justin Taylor, quien alentó este proyecto desde el principio, y por las labores diligentes de mi editor, Ted Griffin.

Mi esposa Maria, una bella mujer de Ocean Springs, hizo posible este proyecto con su dulzura y eficacia como compañera y confidente. Mientras yo escribía, ella supervisaba a cuatro niños pequeños cuando paseaban por las playas y los alrededores de nuestra ciudad natal. Maria leía cada capítulo a medida que yo los escribía, y proporcionaba comentarios útiles a medida que avanzábamos. Un beneficio inesperado de eso es que estoy muy seguro, después que ella leyó el capítulo 1, que nunca más tendré que volver a recorrer el vestíbulo de un hotel bajo la lluvia.

Doy gracias a Dios por mis cuatro hijos. Dediqué mi último libro, *Adopted for Life*, a nuestros hijos mayores, Benjamín y Timothy; y dedico este a nuestro tercero, el inimitable Samuel Kenneth Moore, quien en el momento de escribir estas páginas tiene cinco años de edad. Primero "conocimos" a Samuel en lo que creíamos que eran los síntomas de (otro) aborto espontáneo. Después de haber pasado por esto muchas veces antes, estábamos casi atontados, y programamos la cita habitual con el médico. El ultrasonido allí mostró lo que nunca esperamos ver: un corazón palpitando. Aunque durante todas las semanas del embarazo temíamos que dejara de latir, para nuestro gran gozo ese corazoncito sigue palpitando, y trae alegría a nuestro hogar cada mañana que despierta. Cada vez que veo ese pequeño rostro recuerdo el significado de su nombre: que nuestro Dios escucha.

Samuel me preguntó a menudo a lo largo de este proyecto cuándo iba a terminar con "el libro sobre el diablo". Al igual que todos nosotros, él se encontrará un día con ese espíritu maligno de los lugares desolados. Mi oración por él es que, cuando llegue ese día, escuche la voz del Dios de sus padres. Igual que nuestro Señor Jesús, oro porque Samuel distinga la voz de su Dios de la voz de la serpiente impostora. Y oro porque mi Samuel, como el profeta por quien lleva su nombre, lleve la espada del Espíritu, la Palabra de Dios dentro de su corazón y corte en pedazos la tentación delante del Señor (1 S. 15:33). Ruego que él esté a la altura de su nombre.

Tentados y probados, a menudo nos lleva a cuestionar
por qué debe ser así todo el santo día,
mientras otros que viven a nuestro alrededor,
nunca son molestados, aunque viven en maldad.

Más adelante sabremos todo en cuanto a esto,
más adelante entenderemos la razón;
alégrate, hermano mío, vive bajo el sol,
entenderemos todo más adelante.

HIMNO POPULAR SUREÑO

1

LA LUCHA CONTRA DEMONIOS

Por qué importa la tentación

Allí me encontraba yo, de pie en el vestíbulo de un hotel con una mujer desconocida, con el ritmo cardíaco acelerado y una conciencia culpable. En muchos sentidos, la situación no era tan mala como parece al estar escrito en esta página. Pero en muchas maneras fue aun peor. En realidad, no hice nada malo, y sin duda no me proponía hacerlo. Pero ese era sencillamente el problema. Sin darme cuenta, me asusté de lo atolondrado que me hallaba respecto a toda la situación.

Había llegado aquí en forma accidental. Mi familia y yo conducíamos —creo que a través del estado de Tennessee— cuando surgió una de esas tormentas repentinas, de las que llenan de lodo resbaladizo la superficie de la carretera y el parabrisas se cubre con gotas de barro a las que el limpiaparabrisas parece incapaz de seguirle el ritmo. Aunque no habíamos llegado tan lejos como yo esperaba, la lluvia simplemente no cesaba. Estacioné la furgoneta fuera de la carretera y dejé a mi familia en el vehículo mientras corría a averiguar si había habitaciones libres en un hotel cuyo letrero habíamos visto a través de la tormenta.

Esperé en la fila en recepción. Me hallaba agotado e irritado, debido sobre todo a la lluvia y al estribillo casi como un mantra hindú que venía del asiento trasero —"Papá, él me está golpeando"— que se repetía una y otra vez. Mis pensamientos se movían raudos por todas partes mientras esperaba que nos registraran, pasando de ideas de sermones a números presupuestarios y estrategias de crianza de hijos. La recepcionista, una mujer joven, hizo una mueca forzada, luego un guiño y una media sonrisa, indicando que se había dado cuenta de que había sido un día difícil. "Bueno, hola", saludó, y tan pronto como lo dijo observé que me recordó a una amiga que había conocido en la universidad. Creo que tenía hoyuelos en las mejillas, y se echó el cabello hacia atrás, sosteniéndolo allí con la mano durante un instante mientras revisaba si esa noche había disponibles dos habitaciones juntas, una para mi esposa y yo, y otra para los niños. Cuando me llamó por mi nombre de pila, sentí un sobresalto en el estómago, como la sensación que tienes en la décima de segundo en que la montaña rusa trepa rechinando hacia lo alto de la cima, justo antes que puedas ver la pendiente frente a ti. Empecé a preguntar: "¿Cómo sabes mi nombre?", antes de darme cuenta de que ella estaba leyéndolo en mi tarjeta de crédito.

Mientras esta mujer esperaba que la máquina de la tarjeta de crédito completara mi recibo y creara mi llave automática, hablamos de la lluvia afuera y de cómo el tráfico se había congestionado debido al partido de béisbol en el estadio cercano de la escuela secundaria. La mujer se rio de mis pequeñas bromas. Se burló de mi cabello empapado por correr bajo la lluvia. Sentí que estaba otra vez en la universidad, o tal vez incluso en la escuela secundaria. Yo no tenía que hacer de arbitro entre disputas sobre quién tenía los juguetes de quién ni explicar cómo la predestinación y el libre albedrío actuaban juntos en la Biblia. No tenía que pagar una hipoteca ni decirle a un miembro de la facultad que no podía darle un aumento de sueldo. Y me gustó.

Justo en ese momento escuché una palabra que nunca pensé que me aterraría, pero lo hizo, solo esta vez. Oí "papito". Y entonces la escuché de nuevo. "¡Papito!", exclamó mi hijo Samuel de tres años de edad mientras atravesaba el vestíbulo encima del carrito de equipaje empujado por sus dos hermanos mayores. "¡Mírame!".

Lo miré y me sequé una gota de sudor de la frente mientras comprendía que había olvidado por completo que mi familia me esperaba afuera en la furgoneta. Mientras firmaba el impreso de la tarjeta de crédito noté que mi voz y mi lenguaje corporal hacia la recepcionista de repente se habían vuelto un poco más formales.

Sentí como si me hubieran atrapado haciendo algo malo, y esto me inquietó. Mientras empujaba el carrito de equipaje dentro del ascensor ("Benjamín, no te cuelgues de eso"; "No, Timothy, no puedes comprar esa bebida energizante de cuarenta onzas en la máquina expendedora"), mentalmente me aseguré que todo estaba bien. No *había* hecho nada; ni siquiera de cerca. Pero por alguna razón le había puesto atención a esa mujer, y lo que es peor, no me había fijado que le presté atención hasta que mis hijos me interrumpieron.

Bueno, por una parte, no había sucedido nada. No la había —para usar el lenguaje bíblico para tal situación— "codiciado"; no la había deseado en mi corazón. Solo había conversado con ella durante un minuto. Temo que pienses en mí como alguna clase de predicador lascivo y pervertido cuando, aunque no conozco todas mis debilidades, no creo que sea particularmente vulnerable en este punto. No suelo "revisar a las mujeres" cuando pasan (y volteo los ojos cuando veo a otros hombres que lo hacen). Además, el interés de esta mujer en mí era nulo. Si ella leyera acerca de esto, estoy bastante seguro de que no recordaría el asunto. Y si lo recordara, probablemente diría: "¿Te refieres a ese hombrecito que parecía un grillo? Bueno, que Dios lo bendiga".

Pero el caso es que me asusté, y no me asustó lo que pasó de veras, sino cuando reflexioné en lo que pudo haber ocurrido. ¿Y si yo no hubiera estado viajando con mi familia sino en un viaje a solas de negocios, como a menudo me sucede? ¿Y si ella se hubiera interesado en mí? Por un momento, solo un momento, yo había olvidado quién era, quién soy. Esposo. Pastor. Hijo. Cristiano. Papá. Fui sorprendido por el pensamiento: *Empieza así, ¿verdad?* Comienza como una serie de inocentes desviaciones, que gradualmente llevan a algo más y algo más. Lo que más me asusta es preguntar cuántas de tales situaciones han sucedido en mi vida en que no tuve el momento clarificador de "despertar" ante el horror que me rodeaba. Me asustó pensar en cómo algo como esto podía ocurrir de forma tan natural. ¿Y si yo no hubiera terminado accidentalmente en el vestíbulo de ese hotel en el punto exacto de agotamiento e irritabilidad? ¿Y si se me hubiera estado guiando a esto?

Un amigo mío me escuchó hablar de mi susto en el vestíbulo del hotel y me indicó un individuo mayor en la fe que había escrito sobre una situación sorprendentemente parecida, también con su hijo, varios años antes en un restaurante. Después de eso me he topado con muchos hombres y mujeres que han tenido momentos similares de terror al mirar detrás del velo de sus propias tentaciones. Mi historia no era única, y tampoco la tuya. Hay algo desenfrenado allá afuera, y algo desenfrenado aquí adentro.

La Biblia ubica este desenfreno en la tragedia universal del Edén, tragedia que el Espíritu sitúa de lleno en nuestra propia alma y también en la historia. Sin duda, el canon de las Escrituras nos muestra rastros de sangre desde la misma frontera exterior del Edén. La historia bíblica cambia inmediatamente del Paraíso a descripciones de asesinatos, embriagueces, incesto, violaciones en grupo, poligamia, etc., hasta cualquier cosa que esté pasando contigo. Pero entre nuestra historia cósmica y tu historia personal está la historia de Israel, manteniéndolas unidas.

Después del Edén, Dios reveló alguna esperanza a través del llamado de un hombre a quien puso por nombre Abraham, "padre de muchas naciones" (Ro. 4:17, NVI). Los antiguos oráculos afirmaron que, por medio de la descendencia de este hombre, Dios bendeciría a todas las naciones y restauraría el reino en la tierra.

Todo esto parecía estar a punto de suceder cuando Dios, en forma dramática y pública, rescató de la tiranía egipcia a los descendientes de Abraham. Pero entonces, justo tan trágicamente como en el Edén, algo pasó en el desierto. El reino de sacerdotes resultó no estar tan lejos del enemigo como creían. Aún había desenfreno en el desierto.

Dios llamó a una serie de reyes guerreros, hombres de gran renombre que lucharían contra los enemigos y reprimirían el desenfreno. Sin embargo, estos reyes también sucumbieron al libertinaje dentro de ellos mismos —anarquía sexual, egoísmo, materialismo, ocultismo— y el reino sucumbió de nuevo ante el desenfreno externo.

Entonces, en la plenitud del tiempo, Jesús llegó predicando las buenas nuevas del reino de Dios. Tres de los cuatro relatos del evangelio en el Nuevo Testamento nos hablan de una extraña experiencia al principio de la misión pública de Jesús, en la que fue llevado por el Espíritu para ser tentado por el diablo (Mt. 4:1-11; Mr. 1:12-13; Lc. 4:1-13). Él se hallaba lejos de su familia y sus seguidores, en un lugar desértico en Judea; literalmente se hallaba en "el desierto" o en "los lugares desordenados".

Jesús fue allá para enfrentar al antiguo enemigo de sus antepasados —y nuestros— y para deshacer lo que se había hecho. Si alguna vez vas a ver el reino de Dios, será debido a lo que sucedió bajo esa luna del desierto, donde los reinos se acercaron, se observaron y durante mucho tiempo se atacaron.

De alguna manera, el espíritu maligno del Edén se le apareció a Jesús. Poetas y artistas han especulado durante siglos sobre cómo debió haber sido esto. ¿Vio Jesús, al igual que Eva antes que Él, la figura de una serpiente allá en el desierto? ¿Se apareció Satanás, según el apóstol Pablo nos advirtió que podía hacer, como un glorioso "ángel de luz" (2 Co. 11:14)? ¿Se apareció, según muestran algunos íconos y pinturas, como un horrible monstruo cabrío con un bocado tentador en la pezuña? ¿O se manifestó el diablo mismo, como lo hace a menudo con nosotros, de manera invisible, pero con insinuaciones dolorosamente personales que se disfrazan como los pensamientos de alguien? Los Evangelios no nos lo dicen. Simplemente nos informan que el diablo estaba allí y que no se quedó callado.

Casi todas las religiones del mundo —y casi toda secta aislada— han sentido que hay seres espirituales allá afuera en el universo, incluso seres malignos superinteligentes que nos hacen daño. El evangelio de Jesucristo confronta directamente esta realidad tenebrosa de una manera que, con frecuencia, nos hace retorcernos a los occidentales contemporáneos.

Las páginas iniciales de las Escrituras nos presentan una enigmática serpiente súper inteligente (Gn. 3:1), un ser identificado más adelante como un dragón (Ap. 12), el jefe de un linaje de seres rebeldes dedicados a una guerra de guerrillas contra el Dios Altísimo. A estos especímenes a veces los han llamado "los vigilantes". En ocasiones la gente los ha denominado "dioses", y otras veces los han identificado como "demonios" o "diablos". La Biblia a menudo los denomina "gobernantes" o "principados" y "poderes". La Iglesia cristiana ha confesado desde el principio que a estas criaturas las gobierna un antiguo monstruo, conocido por muchos nombres, pero identificado en la Biblia como Satanás. ¿Cómo podría una criatura formada por una deidad buena retorcerse tanto hasta convertirse en una monstruosidad? Esa no es nuestra historia, y las Escrituras no nos lo dicen. La Biblia describe al mal en última instancia como "el misterio de la iniquidad" (2 Ts. 2:7), y realmente no deberíamos hablar demasiado de lo que no podemos comprender.

Para que Jesús proclamara el reino de Dios, también debía señalar por qué el mundo que fue creado era de todos modos algo distinto a su reino. Jesús, al igual que los profetas antes que Él, nos mostró que el orden cósmico fue secuestrado milenios atrás por estos "gobernadores" y "autoridades" (Ef. 6:12). Al tomar nuestra naturaleza, ofrecerse en la muerte como sacrificio por nuestros pecados y neutralizar la maldición de la muerte en su resurrección, Jesús ha terminado con el derecho que estos poderes demoníacos tienen sobre el universo. Estos poderes no quieren renunciar a su reino de tinieblas, por lo que atacan con furia. Esto significa guerra.

La pura fuerza animal de la tentación debería recordarnos algo: el universo está acechado por demonios. También debería recordarnos que solo hay Uno entre nosotros que luchó con los demonios y prevaleció.

Las tentaciones de Jesús en el desierto nos muestran qué clase de artimañas usarán los poderes malignos contra nosotros. Mientras escribía este libro escuché a un pastor anciano reflexionar en que más de la mitad de las confesiones de pecado que oye en estos días de las personas eran físicamente imposibles cuando empezó su ministerio. Hay mucho de verdad en eso. San Agustín nunca tuvo que aconsejar, como yo he tenido que hacerlo, a una esposa cuyo marido decidió que quiere ser mujer. Tomás de Aquino no tuvo que hablar sobre el tema de juegos electrónicos compulsivos. Y la lista podría ser interminable.

Pero ninguna de estas tentaciones es nueva, solo hay maneras más novedosas de entregarse a tentaciones antiguas. Las tentaciones mismas son, según las Escrituras declaran, comunes "al género humano" (1 Co. 10:13, NBV), y en la prueba de Jesús en el desierto vemos cuán cierto es esto. Aquí las Escrituras identifican para nosotros las tretas universales de la tentación. Seremos tentados exactamente como Jesús lo fue, porque fue tentado exactamente como nosotros somos tentados. Seremos tentados en aspectos de consumo, seguridad y posición

social. Seremos tentados a que nos proveamos, protejamos y exalte-
mos. Y en el núcleo de estas tres tentaciones hay un deseo común:
rechazar la paternidad de Dios.

Más adelante analizaremos que la paternidad de Dios está incrus-
tada en imágenes que vemos a nuestro alrededor en el orden de la
creación, especialmente en nuestra naturaleza humana. En algunas
formas un padre humano es esencialmente un segundo padre, que
en la crianza de los hijos hace algunas de las mismas funciones y los
mismos oficios de una madre. Pero también hay distinciones importantes en la comprensión de la mayoría de culturas humanas sobre lo
que significa ser un padre. La mayoría de pueblos humanos han visto
que los padres desempeñan un papel único en provisión, protección
y transmisión de un legado (ya sea a través de una herencia literal o
simplemente del papel de modelar lo que significa moldear un futuro
personal).[1] Esto no quiere decir que los padres, naturales biológicos,
sean los portadores exclusivos de tales roles. Es simplemente que estos
arquetipos de paternidad, que se expresan en varias maneras, aparecen
reiteradamente en la civilización humana. Algunos atribuirían esto a
selección natural evolucionista. Yo diría, en cambio, que este ideal de
paternidad persiste debido a algo muy particularmente cierto acerca
de la paternidad de Dios en su cuidado, disciplina y administración
de la creación y sus criaturas.

La tentación es muy fuerte en nuestras vidas precisamente porque
no se trata de nosotros, sino de un asalto por parte de los poderes
demoníacos al imperio rival del Mesías. Es por eso que la conversión
a Cristo no disminuye el poder de la tentación —como a menudo
suponemos— sino que realmente, y contrario a la lógica, lo aumenta.
Si somos portadores del Espíritu de Aquel contra quien luchan los
poderes del mal, estos intentarán derribar el ícono del Ser crucificado
que ven incrustado en nosotros (1 P. 4:14; Ap. 12:17). En última
instancia, la agonía de la tentación no se trata de ti o de mí. Somos
blanco de Satanás porque nos asemejamos a Jesús, nuestro hermano
mayor. Todos los seres humanos, creyentes o no, portamos alguna

1. David Popenoe, *Families without Fathers: Fathers, Marriage and Children in American Society* (New Brunswick, NJ: Transaction, 2009), pp. 140-150.

semejanza con Jesús porque participamos con Él de una naturaleza humana creada a imagen de Dios. Sin embargo, una vez que encontramos la paz con Dios a través de Jesús, comenzamos la marcha de ser conformados más y más a la imagen de Cristo (Ro. 8:29). Los demonios chillan ante la creciente gloria de esa luz, y buscan aún más frenéticamente alejarla de su vista.

Cuando afirmo que tenemos tentaciones comunes, no me malinterpretes. No estoy diciendo que todos experimentamos esta tentación exactamente de la misma manera. Puede ser que nunca te encuentres en la situación que yo experimenté en el vestíbulo del hotel, o en algo parecido. No sé qué sucede contigo. Tal vez tus ojos podrían llenarse de lágrimas al pensar en las palabras que les gritaste a tus hijos esta mañana. Quizás borraste el historial de tu computadora esta semana, prometiéndote que nunca volverás a acceder a esas imágenes. Es posible que lleves esa bolsa vacía de bocadillos en tu cartera para tirarla más tarde, de modo que las personas en tu oficina no la vieran en la basura. Tal vez los medicamentos recetados en el cajón de tu escritorio sean ahora mismo lo único que te mantiene cuerdo, pero temes que estén enloqueciéndote. Quizás no puedas dejar de pensar en el olor del cabello de tu compañera de trabajo o en el tintineo del vaso de whisky en la mesa cercana.

Tal vez aquello que sientes la tentación de hacer es tan descabellado que mi editor no me permitiría imprimirlo aquí, o quizás sea tan aburrido que yo ni siquiera pensaría en mencionarlo. No sé. Pero creo saber lo que está detrás de todo.

Estás siendo tentado ahora mismo, y yo también. La mayoría de veces ni siquiera lo sabemos. Y en cada uno de tales momentos queremos exagerar o subestimar el poder de esa tentación. La exageramos al pensar algo como: "Tengo estos sentimientos, por lo tanto, estoy predestinado a ser esta clase de persona". Subestimamos la tentación al pensar algo como: "No estoy tentado a hacer algo terrible, como adulterio o asesinato. Estoy batallando con esta pequeñez: amargura por mi infertilidad".

Sin embargo, el evangelio trae buenas nuevas a rebeldes tentados como nosotros. Así como nuestra tentación es parte de una historia más amplia, también lo es nuestra estrategia para rechazar su poder.

El mismo Espíritu que llevó a Jesús al desierto y le dio poder para vencer al diablo, surge ahora a través de todos los que estamos unidos por fe a Jesús. Vencemos la tentación del mismo modo que Él lo hizo: confiando en nuestro Padre y escuchando su voz. El peligro que enfrentamos actualmente no es cognitivo sino primario. Los demonios piensan. Saben quién es Dios, y tiemblan ante esa verdad (Stg. 2:19). El mero intelecto no puede asegurar que no caigamos "en tentación" o que nos libremos "del mal". Esto solo puede hacerlo "la fe que obra por el amor" (Gá. 5:6). No estamos simplemente superando algo sobre psicología humana; nos encontramos luchando contra poderes cósmicos (Ef. 6:12), lidiando con un Espíritu similar a un animal que intenta devorarnos (1 P. 5:8).

Esta no es una guía de autoayuda que prometa hacer por la tentación lo que un manual de dietas promete hacer por la obesidad. Algunos de quienes leen esto ahora reconocerán las buenas nuevas de lo que está escrito aquí, y abandonarán todo por un orgasmo o un ego. Pero tal vez haya quienes se crean fenómenos de la naturaleza que dejarán esa carga cuando vean a un Cristo que se identificó con ellos hasta en la tentación. Pide lo que quieras, y encontrarás lo que buscas (Mt. 7:7-8).

Tiempos como este requieren la clase de desesperación que debería llevarnos al único lugar en que podemos hallar refugio: los brazos de Jesús de Nazaret desgarrados por los clavos. El antiguo himno dice: "Tentados y probados, a menudo nos lleva a cuestionar por qué debe ser así todo el santo día". Este libro no eliminará el misterio de la iniquidad, pero oro porque reavive nuestra facultad de cuestionarnos al respecto. Antes que podamos ver lo que pasa de veras en el desierto allá afuera (y en el desierto en nuestros propios corazones) tendremos que escuchar otra vez el "principio del evangelio de Jesucristo, Hijo de Dios" (Mr. 1:1).

En el centro del mensaje del evangelio está Jesús, quien fue tentado y probado en todo modo en que nosotros somos tentados y probados, pero que siempre resultó vencedor. Él es un Sumo Sacerdote con nuestra misma naturaleza que puede orar por nosotros y con nosotros. Jesús es, como Dios anunció justo antes de ser tentado, el "Hijo amado" de Dios. Pero no está solo. Sin duda alguna, Él es "el primogénito", pero también es "el primogénito entre muchos hermanos" (Ro. 8:29). Debido a que tenemos un Sumo Sacerdote compasivo, tentado en todo como nosotros somos tentados, entonces podemos acercarnos "confiadamente al trono de la gracia, para alcanzar misericordia y hallar gracia para el oportuno socorro" (He. 4:16). ¿Y qué debemos orar? "Venga tu reino. Hágase tu voluntad... no nos metas en tentación, mas líbranos del mal" (Mt. 6:9-13).

Simple y llanamente, seguir a Jesús no es solo una metáfora. Sus primeros discípulos literalmente lo "siguieron" a través del mapa de la Palestina del primer siglo. Jesús declaró: "A donde yo voy, no me puedes seguir ahora; mas me seguirás después" (Jn. 13:36). Él dice lo mismo a todos los que lo hemos reconocido en los dos mil años desde entonces. Padeceremos "juntamente con él, para que juntamente con él seamos glorificados" (Ro. 8:17). Este padecimiento del que habla la Biblia no es solo persecución política, marginalización social o circunstancias difíciles, como a menudo tendemos a creer. También es el sufrimiento de la tentación, mientras Dios permite que atravesemos el lugar de los poderes del mal.

La escritora Barbara Brown Taylor cuenta que fue a un seminario en el que el presentador dijo que llevaba grupos de estudiantes a la naturaleza salvaje para que experimentaran caminatas y canotaje en "la santidad indómita de lo agreste". Brown escribe que un participante levantó la mano y preguntó si en esos lugares "hay depredadores que están por sobre ti en la cadena alimentaria". El guía afirmó que no los hay, por supuesto, porque él no llevaría a sus estudiantes a un sitio en que tuvieran tanto peligro. El miembro de la audiencia contestó: "Yo tampoco lo haría, pero no los engañes haciéndoles creer que han experimentado realmente una tierra salvaje. Solo es salvaje si hay algo allá afuera que pueda comernos".[2] Hay algo de sabiduría en esto. Para Jesús hubo algo siniestro, antiguo y depredador allá afuera en el desierto.

Donde nos unimos a Jesús en la tentación, por lo general, no nos parecerá tan aterrador. Encontraremos nuestras tentaciones en un vestíbulo de hotel, en la mesa del desayuno o en el salón de descanso

---

2. Barbara Brown Taylor, *Leaving Church: A Memoir of Faith* (Nueva York: HarperCollins, 2006), p. 172.

donde trabajamos. Pero en esos lugares la tentación es igual de inmoral y peligrosa. Y allí, en mil sitios distintos, enfrentaremos tentación en cada una de las maneras que Jesús enfrentó antes en ese desierto asolado por demonios. Si tenemos ojos para ver, reconoceremos que incluso ahora nos dirigimos hacia el lugar desierto. El Espíritu nos llevará a través de la misma senda que llevó a nuestro Hermano Mayor, justo a través del lugar del reino de maldad. Pero no estamos allí por accidente, ni estamos solos.

2

EL MATADERO

*Por qué estás a punto de arruinar tu
vida (especialmente si no lo sabes)*

Había algo acompasado y casi tranquilizador en todo aquel estruendo. La suave repetición se escuchaba como una tormenta veraniega proveniente de la costa, o como un viejo y desvencijado tren nocturno en la distancia. Yo no tenía idea de que lo que escuchaba era la rítmica marcha de ganado hacia un matadero. Resulta que, mientras conducía mi auto, me había topado al azar con un programa radial público acerca de ganadería intensiva. La transmisión era sobre cómo matar vacas, pero con bondad.[1]

En realidad, no se trataba de vacas reales. Solo eran una especie de escenario. En su lugar, el segmento describía a una científica autista sumamente funcional que durante años de investigación había aprendido la manera de registrar qué estímulos producen ciertos sonidos animales y cómo rastrear lo que atemoriza o estresa al ganado. Resulta que la industria de carne de res estaba dispuesta a pagar por esta información, y no del todo debido a propósitos humanitarios. Elevados niveles de tensión en los animales pueden liberar hormonas que podrían degradar la calidad de la carne.

Algunas de las corporaciones más grandes del mundo contrataron a esta científica para que visitara sus plantas cárnicas con una lista de

---

1. "Killing with Kindness", *Driveway Moments: Radio Stories That Won't Let You Go* (National Public Radio, 2003), pista 2.

comprobación. Ella dijo que su secreto era la idea de que lo novedoso estresaba a las vacas. Entonces, para mantener el ganado relajado un matadero debe quitar de la vista de los animales cualquier cosa que no les sea completamente conocida. El problema real es la novedad. La científica aconseja: "Si el ganado lechero está acostumbrado a ver cada día impermeables amarillos brillantes que cuelgan de las puertas cuando entran a la sala de ordeño, no habrá problema. El animal que se desorientará es el que ve por primera vez un impermeable amarillo brillante sobre una puerta en la planta del matadero o en el comedero".[2]

Ella informó que los trabajadores no deberían gritar a las vacas, y que nunca deberían usar bastones eléctricos porque son contraproducentes e innecesarios. Si se mantiene a las vacas contentas y cómodas, irán a donde se las lleve. No hay que sorprenderlas ni ponerlas nerviosas y, sobre todo, no hay que lastimarlas (bueno, al menos hasta que al final las degüellen).

A lo largo del camino, esta científica ideó una nueva tecnología que ha revolucionado las formas que implementan las grandes operaciones de sacrificio. En este sistema, a las vacas no se las saca a piquetazos del camión, sino que se las guía en silencio al interior de una rampa. Pasan por un "canal de exprimido", un dispositivo de suave presión que imita la caricia de una madre. El ganado continúa por la rampa hacia un camino suavemente curvado. No hay giros repentinos. Las vacas experimentan la sensación de estar yendo a casa, el mismo tipo de recorrido que han hecho muchas veces antes.

A medida que avanzan por el camino ni siquiera se dan cuenta de que sus pezuñas ya no tocan el suelo. Una cinta trasportadora las levanta lenta y suavemente, y luego en un santiamén un instrumento contundente les asesta un golpe quirúrgico justo entre los ojos. Pasan de ser ganado a ser carne, y no están suficientemente conscientes como para alarmarse. La pionera de esta tecnología la recomienda a los mataderos y afectuosamente le da un apodo: "La escalera al cielo".

2. Temple Grandin y Catherine Johnson, *Animals in Transition: Using the Mysteries of Autism to Decode Animal Behavior* (Orlando: Harcourt, 2005), pp. 44-45.

Mucho antes de la industria cárnica, Jesús sabía que el ganado se conduce mejor hablándole que pinchándolo (Jn. 10:3). Jesús también sabía que la voz guía debe ser conocida, no nueva; amable, no gritona. El ganado asustado huye (Jn. 10:5). Jesús sabía además que estos principios no se aplican solo a los animales de granja, sino también a los seres humanos. Por eso, refiriéndose a los profetas antes que Él, utilizó las imágenes de la humanidad en general y de Israel en particular como de ovejas, rebaño que necesita alimento, protección y dirección. Asimismo, Jesús advirtió que habría individuos que "pastorearían" en una manera que lleva hacia la muerte.

He aquí lo que esto tiene que ver con tu tentación. A veces la Biblia usa el lenguaje del depredador y la presa para describir la relación entre tentador y tentado, pero las Escrituras también hablan con frecuencia de la tentación en el lenguaje de ganadero y ganado. No solo nos rastrean, también nos sacrifican (p. ej., Ez. 34; Zac. 11; Jn. 10). A quienes se dirigen hacia el juicio se les llama corderos que van para el matadero (p. ej., Sal. 44:22; Jer. 5:26; 50:17).

Quizás el uso bíblico más sorprendente de estas imágenes se encuentra en el libro de Proverbios. Un padre describe para su hijo la lenta progresión de un encuentro sexual. El lector obtiene una vista casi aérea de la escena, mientras el hijo se acerca cada vez más al borde de la tentación (Pr. 7:6-21). El padre advierte que esto es como un ave que es atrapada o un buey que conducen al matadero (Pr. 7:22-23). Más adelante, el libro suplica al sabio que rescate "a los que son llevados a la muerte" (Pr. 24:11). La senda de la tentación es gradual y consciente, no algo tan repentino y fortuito como parece.

Santiago, el hermano de Jesús, conocía el idioma del matadero. Como obispo cristiano en Jerusalén poco después del inicio de la Iglesia, Santiago advirtió a los ricos y los satisfechos de su época que vivir en "gran lujo y placer desenfrenado" no podía rescatarlos; entonces vociferó: "Lo que han hecho es engordar para el día de la matanza" (Stg. 5:5, NBV). Santiago sabía esto en parte por experiencia personal, pues no siempre había sido un hombre santo. Es probable que cuando niño se hubiera reído de su hermano —tal como hicieron otros familiares y vecinos— al considerarlo un egoísta delirante en el mejor de los casos, y en el peor, un sectario endemoniado. Pero luego llegó a ver a su hermano en forma muy diferente: la imagen expresa de Dios y el gobernante legítimo del universo.

Santiago sabía cómo era vivir en una ilusión, y cómo era despertar de ella. Advirtió a las pequeñas asambleas cristianas diseminadas por todas partes en la generación posterior a la resurrección de Jesús, que necesitarían cierta clase de sabiduría espiritual sobrenatural a fin de ver dónde se esconde la tentación y reconocer la senda que esta toma (Stg. 1:5). La terrible verdad es que cada uno de nosotros es un ser caído, y como tal está en peligro constante de ser "seducido" (Stg. 1:14). Para toda la humanidad, para el pueblo de Israel y para cada uno de nosotros personalmente, la tentación empieza con una cuestión de identidad, se mueve hacia una confusión de los deseos y finalmente lleva a una competencia de futuros. En resumen, hay una razón para que desees lo que no quieres desear. La tentación es embrionaria, de personalidad específica y con propósito dirigido.

Algo está en formación allá afuera que es más profundo, más antiguo y más aterrador de lo que podemos contemplar. Las Escrituras cristianas proponen una respuesta a la pregunta: ¿Qué está pasándome? Antes de batallar con la tentación en tu propia vida deberás ver el horror de lo que realmente es, y también deberás ver la gloria de cómo Jesús triunfa sobre ella. Nuestro Señor recorrió todo el ciclo de la tentación por nosotros, y también lo hace con nosotros. Como "cordero... llevado al matadero" (Is. 53:7), Jesús entró al desierto y a la escalera al infierno.

¿QUIÉN ERES?

El primer paso en el ciclo de la tentación es la cuestión de tu identidad. Santiago dijo a los de humilde condición y menospreciados que se gloríen "en su exaltación" y a los prósperos y acaudalados que se gloríen "en su humillación" (Stg. 1:9-10). ¿Por qué? Santiago comprendió que la tentación empieza con una ilusión acerca del yo, una visión tergiversada de quién eres. A los poderes satánicos no les importa que tu ilusión sea de grandiosidad personal o de autodesprecio, siempre y cuando mires tu circunstancia actual en lugar de ver al evangelio como la declaración eterna de quién eres. Si el pobre considera que su pobreza hace imposible que tenga dignidad, está caído. Si el rico ve su riqueza como una negación de que "pasará como la flor de la hierba", e incluso que se marchitará "en todas sus empresas" (Stg. 1:10-11), está perdido.

La tentación siempre ha empezado aquí, desde el mismo inicio de la historia cósmica. Cuando la Biblia deja ver la caída ancestral de la especie humana, esta empieza con una cuestión de identidad. La mujer en la narración de Génesis fue abordada por una serpiente misteriosa, uno de "los animales del campo" que era más "astuta" que todos los demás (Gn. 3:1). Y ese es precisamente el punto. La mujer, Eva, y su esposo fueron creados a imagen de Dios (Gn. 1:26-27). Ambos eran señales vivas del dominio de Dios sobre todas las cosas, menos sobre Dios y uno al otro. Este dominio era global, se aplicaba a "todo animal que se arrastra sobre la tierra" (Gn. 1:26).

Pero aquí a ella la cuestionaba uno de "los animales del campo" que puso en duda los mandamientos y las prerrogativas de Dios. Sin siquiera una palabra, la serpiente llevó a la mujer a actuar como si tuviera dominio sobre Eva y no al revés. La persuadió de que se viera como un animal y no como lo que se le había dicho que era: alguien portadora de la imagen de reina del universo, de principado y de poder sobre los animales.

Al mismo tiempo, la serpiente trató a su reina como a otro animal, también sutilmente la hizo verse más como una emperatriz, como una diosa. Le hizo una prueba para su papel como deidad a fin de que actuara como un dios, distinguiendo en forma autónoma entre el bien y el mal, determinando cuándo ella y su compañero estarían listos para la madurez, calificando así las afirmaciones del mismo Dios. La serpiente la motivó a comer del fruto del árbol que Dios le había prohibido. El árbol de alguna manera llevaba en su interior el poder para despertar la conciencia "del bien y del mal" (Gn. 2:17). La serpiente escoltó a la mujer hasta donde ella pudiera verse como si fuera la jueza cósmica final, libre del escrutinio de la santidad de su Creador. En el mismo inicio de la historia humana estuvo la pregunta: ¿Quién eres?

Lo mismo es cierto cuando Dios comenzó su plan redentor formando un pueblo nuevo, una tribu de la línea de Abraham a través de la cual prometió salvar el mundo. La historia de Israel también comenzó con el relato de una tentación. Después de todo, *Israel* es un nombre que se inició con un individuo, el nieto de Abraham, y quiere decir el que ha "luchado con Dios" (Gn. 32:28). Jacob no iba a ser el padre de una gran nación; ese llamado estaba reservado para su hermano gemelo ligeramente mayor, Esaú.

Jacob se convirtió en el padre de Israel porque engañó a su hermano para que le intercambiara por una comida el derecho de primogenitura, su herencia. Al igual que con la tentación de Eva, la Biblia precede este acto con un cuestionamiento de identidad. Desde el principio, a Esaú se le prefiguró para cuestiones siniestras. Nació pelirrojo y cubierto de vello, como un animal, por lo que se le dio un nombre que significa "rojizo". Tanto la apariencia animal como el color rojo se notarían con horror más tarde en su vida. Esaú nació para ser el primogénito y ser formado en la responsabilidad de liderar la tribu. En el texto en Génesis se le define como "diestro en la caza" (Gn. 25:27), y esta identidad que lo seguiría todos los días de su vida se define más adelante: fue entrenado como cazador para su padre.

La Biblia dice que Isaac amaba a Esaú "porque comía de su caza" (Gn. 25:28). El padre usa a Esaú como perro de caza favorito para que le consiga todo lo que desea comer. Isaac no modela aquí a un padre proveedor que capacita a su hijo como proveedor de sus propios hijos. Es un padre consumidor que utiliza a su hijo para alimentarse el vientre, patrón que continuará hasta la muerte del anciano, cuando su petición de moribundo es por algo que el muchacho debía cazar. No es así como se suponía que esto fuera.

Jesús entró en estas dos historias, y en la nuestra. El relato del evangelio nos informa: "Entonces Jesús fue llevado por el Espíritu al desierto, para ser tentado por el diablo" (Mt. 4:1). El líder cristiano del siglo IV Juan Crisóstomo tuvo razón al observar que la palabra "entonces" es crucialmente significativa aquí.[3] Solo "entonces" Jesús fue al desierto; es decir, después que su identidad la evidenciara públicamente su Padre. A fin de entender las tentaciones de Jesús,

---

3. Juan Crisóstomo, "Homily XIII," en *Saint Chrysostom: Homilies on the Gospel of St. Matthew*, trad. G. Prevost, rev. M. Riddle, Nicene and Post-Nicene Fathers, First Series, vol. 10 (Buffalo: Christian Literature, 1888; reimpresión, Grand Rapids, MI: Eerdmans, 1983), p. 81.

debemos comprender que su cabello aún estaba mojado cuando entró al desierto.

Las Escrituras nos cuentan que Jesús comenzó su ministerio público al encontrar a su pariente, un profeta llamado Juan que bautizaba en el desierto, y solicitarle que lo bautizara. Es probable que aquello parezca predecible y no controversial, si piensas en el bautismo como un simple ritual religioso. Pero es mucho más que eso. Si hubieras observado desde lo alto, hubieras presenciado una conversación larga y extraña en que el profeta y su pariente parecían estar considerando... no, debatiendo algo. Quien bautizaba agitó las manos, encogió los hombros, pero luego se detuvo y entró al río con su pariente. Lo que habrías visto es lo que los evangelios relatan cuando Juan renuentemente accedió a hacer lo que Jesús le pidió que hiciera: que lo bautizara.

El consternado desconcierto de Juan es totalmente apropiado. Al fin y al cabo, este bautismo era una señal de juicio divino. Es por eso que tiene que ver con arrepentimiento. A aquellas "víboras" que bajaban al río se les había advertido "de la ira venidera" (Mt. 3:7). Al pasar por las aguas estaban reconociendo que merecían el fuego consumidor de Dios en el Día del Juicio. Al limpiarse dentro del río estaban exigiendo "la aspiración de una buena conciencia hacia Dios" (1 P. 3:21), de modo que puedan ser salvos cuando caiga la ira desbordada de Dios. Escuchar la petición de Jesús de ser bautizado le habría hecho sentir a Juan lo mismo que sentirías si oyeras a tu cónyuge anunciar interés en ser incluido en un registro de violadores de menores. Sin embargo, Jesús le declaró a Juan que esto era necesario para "que cumplamos toda justicia" (Mt. 3:15). Jesús no estaba debatiendo la evaluación de identidad que Juan le hacía; estaba confirmándola. Él era realmente el Cordero de Dios que quitaría los pecados del mundo llevándolos sobre sí mismo. En realidad, Jesús estaba diciéndole a Juan: "No puedes comprender quién soy sin entender quién es mi Dios, eso es verdad; pero tampoco puedes comprender quién soy sin entender quiénes son mi pueblo".

Al observar la escena habrías notado que una conmoción recorría la multitud cuando los parientes salen del agua. Una extraña presencia se habría disparado desde alguna parte encima de ti; lo que más tarde te habrían dicho es que se trató del Espíritu Santo descendiendo como una paloma sobre este Jesús (Mt. 3:16). Aún más asombroso, se habría escuchado una voz atronadora viniendo del cielo y anunciando: "Este es mi Hijo amado, en quien tengo complacencia" (Mt. 3:17).

Es imposible comprender las tentaciones sin ver el bautismo. El agua es indómita. Tu cuerpo está formado principalmente de agua, y la necesitas para vivir, pero puede ahogarte. Puede arrasarte la vida en una inundación. Se nos dice que, en los primeros momentos de la creación "la tierra estaba desordenada y vacía", y que "el Espíritu de Dios se movía sobre la faz de las aguas" (Gn. 1:2). La imagen que la Biblia usa más a menudo para un peligro impredecible es la del mar, un mar que las Escrituras prometen que entregará sus muertos y que ya no existirá más en el reino venidero (Ap. 21:1).

Aquí en el agua, Jesús se identificó con nosotros, y Dios mismo se identificó con Jesús. En cada una de las tentaciones, Satanás intentó contrarrestar la voz de Dios en este momento: "Si eres Hijo de Dios...". Este es el equivalente del "¿Conque Dios os ha dicho?" del Edén. El bautismo fue una inauguración del reinado de Jesús, y era una declaración de guerra.

La voz de Dios dijo que Jesús era "Hijo" y "amado". Eso fue quien Él era (y es). Por tanto, ¿qué significa para Él y para ti que Jesús es el "Hijo de Dios"? Antes que sigamos a Jesús al desierto debemos contestar esa pregunta.

Sabemos por la Biblia que un hijo aprende quién es en relación con su padre. Por eso es que las personas en la historia bíblica se conocen como "Josué hijo de Nun" o "Juan hijo de Zebedeo". Nuestras identidades personales se forman a partir de un patrón cósmico: un Padre de quien se nombra la paternidad en el cielo y la tierra (Ef. 3:14-15). Reflejamos una dinámica Padre-Hijo en la que un Dios Padre anunció: "Mi hijo eres tú; yo te engendré hoy" (Sal. 2:7).

La filiación de Jesús no es solo acerca de la verdad de que Él tiene la misma naturaleza de Dios (aunque eso es totalmente cierto). Su filiación incluye su humanidad. Lucas en particular resalta esto. Justo en medio de la historia, entre el bautismo y las tentaciones, Lucas relata la genealogía de Jesús, rastreando a sus antepasados en la típica forma bíblica: "Hijo de... hijo de... hijo de... hijo de...", exactamente hasta Adán. Sin embargo, Adán no es el final de la genealogía. Adán fue el "hijo de Dios" (Lc. 3:38).

Debido a que la misión de Jesús era restaurar al mundo a la manera en que Dios quería, bajo el gobierno de hombres y mujeres que están bajo el gobierno de Cristo, Jesús debe vivir tanto como el gobernado (bajo el señorío de su Padre) como el gobernante (con dominio sobre todo bajo sus pies). A fin de hacer esto, el Verbo eterno se hizo carne (una naturaleza humana) y todo lo que esto conlleva. Jesús no fue solo una naturaleza humana; fue un ser humano. Fue un hombre. Fue el Hijo de Dios.

Jesús también se identificó particularmente en el bautismo con el pueblo del pacto de Dios, la nación de Israel. La Biblia también se refiere a Israel como "hijo de Dios". En el momento más significativo en la historia de Israel como nación, su Dios, revelándose a través del profeta Moisés, peleó con Faraón, rey de Egipto, por el trato que este le dio al hijo de Dios.

Por supuesto, en ese tiempo Israel no era nada más que una banda de esclavos hebreos que se multiplicaba rápidamente, desapercibidos para el imperio, excepto por el temor de que su procreación pudiera conducir a revueltas de esclavos y, con ella, al colapso de una economía basada en labor humana no pagada. Y Faraón mismo ejerció poder porque se creía que este gobernante era el hijo de un dios.

Con las palabras de Dios en la boca, Moisés declaró al tirano egipcio: "Jehová ha dicho así: Israel es mi hijo, mi primogénito. Ya te he dicho que dejes ir a mi hijo, para que me sirva" (Éx. 4:22-23). Cuando el gobernante se negó a dejar ir de su dominio a los Hebreos, Dios tomó represalias matando a todos los hijos primogénitos de todos los egipcios, incluso al de Faraón (Éx. 4:23; 12:29-30).

Dios demostró quién era su hijo al llevar a Israel con seguridad por las aguas del mar, aguas que cayeron sobre el ejército de Faraón en juicio de ahogamiento. El apóstol Pablo llamó a este paso a través de las aguas el bautismo de Israel (1 Co. 10:2). Al igual que los pecadores arrepentidos que pasaban bajo las aguas con Juan, Israel pasó por la ira de Dios y salió al otro lado. Dios marcó además a su hijo con una señal visible de la presencia divina: una nube sobre ellos durante el día y un fuego sobre ellos durante la noche. Este acontecimiento fue el recordatorio perpetuo para Israel, y para sus enemigos, de la identidad de Israel delante de Dios. El Señor anunció: "Cuando Israel era muchacho, yo lo amé, y de Egipto llamé a mi hijo" (Os. 11:1). Israel experimentó tal "bautismo" no solo en su salida de la esclavitud, sino también en su entrada a la tierra que se les había prometido. Dios le dijo a Josué, el sucesor de Moisés: "Desde este día comenzaré a engrandecerte delante de los ojos de todo Israel, para que entiendan que como estuve con Moisés, así estaré contigo" (Jos. 3:7). Dios hace eso al separar las aguas del río Jordán para Josué, tal como había hecho con el mar Rojo por Moisés.

En el río Jordán, Juan el Bautista advirtió a las multitudes sobre un juicio venidero apartándolas de la confianza que tenían en su identidad étnica, al predicarles: "No comencéis a decir dentro de vosotros mismos: Tenemos a Abraham por padre; porque os digo que Dios puede levantar hijos a Abraham aun de estas piedras" (Lc. 3:8). Juan les recordó a las masas que el problema de Israel no era cuestión simplemente de línea de sangre étnica.

Después de todo, Abraham había sido Abram, un gentil de lo que ahora es Irak, antes que la voz de Dios le declarara que se llamaría Abraham, "padre de muchedumbre de gentes" (Gn. 17:5). Los que siguieran tras ídolos, como Oseas dijo que sucedería con Israel el hijo de Dios (Os. 11:2), no heredarían las bendiciones divinas. Serían desheredados, incluso como un árbol que no da fruto es cortado y echado al fuego (Lc. 3:9).

Jesús en las aguas recapitula la historia de Israel. Al igual que en el éxodo, lleva el anuncio verbal de identificación por parte de Dios, es llevado a través de las aguas de juicio y experimenta una demostración visible desde el cielo de la presencia de Dios con Él. Igual que hizo Israel en la conquista, Jesús atraviesa el agua para enfrentar a sus enemigos y recibir, en última instancia, su herencia. Su nombre es Jesús, literalmente en el idioma hebreo original Josué. Y el río al que viene es el Jordán. Él es el hijo de Dios.

Finalmente, el lenguaje del "Hijo de Dios" se refiere a Jesús como el legítimo rey de Israel y en última instancia de las naciones. Como vimos antes con Faraón, no era raro que un gobernante antiguo se declarara "hijo" de cualquier dios al cual sirviera. El Señor usó el lenguaje de "Hijo" para Aquel que ocuparía el trono. Le prometió a David con relación a la herencia davídica: "Yo le seré a él padre, y él me será a mí hijo" (2 S. 7:14). Dios prometió que el rey sería el "primogénito, el más excelso de los reyes de la tierra" (Sal. 89:27). A lo largo de la historia de Israel, la filiación del rey se mostraba al ser anunciado como hombre de Dios por una autoridad profética, en su unción por esa autoridad profética y en su relación con el Espíritu Santo. Por ejemplo, David fue reconocido por Samuel como rey, fue ungido con aceite sobre la cabeza y recibió el Espíritu. Aunque Saúl todavía retenía el título de rey (además de la riqueza, el séquito y las concubinas) Dios lo había rechazado como monarca de Israel. El cargo permanecía aún, pero el Espíritu Santo se había ido, siendo reemplazado por el terror de un espíritu malo.

En su bautismo se muestra a Jesús como el heredero largamente esperado de David. El profeta —Juan que está en el Espíritu del profeta Elías— está allí para reconocer la selección divina. Pero en lugar de ungir y anunciar a través de un intermediario profético, la voz de Dios anuncia directamente a Jesús como el Hijo real y lo unge con el mismo Espíritu Santo. Él era el Hijo de Dios.

Bueno, ¿qué tiene que ver la filiación de Jesús, declarada por medio del bautismo, con cualquier cosa a la que te sientas atraído ahora mismo? Jesús se identificó en su bautismo contigo, y Dios se identificó con Jesús. Aquí estaba un nuevo hombre, un nuevo Israel, un nuevo rey... un nuevo inicio. Por eso es que la serpiente quería cuestionarle la identidad, como cuestionó la nuestra en el huerto y como cuestiona la tuya dondequiera que estés. Pero Jesús se quedó allí, en el agua, sin vergüenza ante su Dios y, como veremos, sin vergüenza de ser tu hermano.

Mientras Adán y Eva se acobardaron y se escondieron cuando escucharon el sonido de Dios andando en el huerto, este Hombre permanece de pie sin vergüenza delante de la voz de su Padre. Mientras Israel había temblado en el desierto frente al monte resplandeciente, rogando no escuchar la voz de Dios (Éx. 20:19), Jesús permanece firme y sin miedo delante de la voz de su Padre. A diferencia de ellos, que cargaban la vergüenza de la maldición satánica, este Hombre no tiene nada que esconder. Su Padre está muy complacido con Él. Sin embargo, la primera duda que el diablo siembra fue encubierta, envuelta en la primera cláusula de una oferta: "Si eres el hijo de Dios…".

Esta es precisamente la salva de apertura que los poderes demoníacos lanzan hasta el día de hoy. La granja industrial quiere que las vacas se vean como mascotas o acompañantes, o simplemente como "libres" y solas. Lo que no quieren que el ganado reconozca es que son futura carne. Confusión de identidad es la razón por la cual las personas pueden afirmar una cosa y hacer otra. Y es la razón por la que más capacitación en concepción mundial sobre cómo pensar como cristianos no impide que las personas destruyan sus vidas.

La mayoría de las personas no "eligen" tener mal genio, beber licor en exceso, torturar prisioneros de guerra, explotar trabajadores del tercer mundo, o lanzar productos químicos tóxicos al suministro de agua de la comunidad. La mayoría de individuos no concluyen primero que el adulterio es correcto y luego empiezan a fantasear con su vecina haciendo un sensual baile en barra. La mayoría de personas no aprenden primero a alabar la gula y luego empiezan a rociar grasa de tocino en su segunda porción de pechuga frita de pollo. Ocurre al revés.

Primero haces lo que quieres hacer, aunque sabes "muy bien que el castigo que impone Dios por esos delitos es la muerte", y sin embargo te deleitas "cuando otras personas los practican" (Ro. 1:32, NBV). Comienzas a verte como algo especial o sin esperanza, y por tanto los límites normales no parecen aplicarse.

Podría ser que ahora mismo participes en ciertos patrones y que si yo te preguntara me dirías exactamente por qué esos patrones son moral y éticamente errados. No es que tengas deficiencia en la habilidad cognitiva para diagnosticar la situación. En lugar de eso, poco a poco llegas a creer que tu situación es excepcional ("soy un dios"), y luego encuentras toda clase de razones de por qué técnicamente esto no es robo, envidia, odio, fornicación, abuso de poder o lo que sea ("soy capaz de discernir entre el bien y el mal"). O crees que eres impotente delante de lo que quieres ("soy un animal") y por tanto puedes escapar a la responsabilidad ("no moriré"). Has olvidado quién eres. Eres una criatura. También eres un rey o una reina. No eres un animal ni eres un dios. Allí es donde empieza la tentación.

El matadero

Si hubieras estado allí junto al río Jordán, observando la escena del bautismo de Jesús, podrías haberte preparado para una sorprendente oleada de gloria. Después de todo, el Dios de Israel acababa de revelar —de manera pública, audible y visual— a su Mesías prometido. Los aldeanos a tu alrededor podrían haber estado hablando de grandes cosas: el derrocamiento de Roma, el trono de David, conmoción y asombro. Podrías haber esperado ver a este nuevo rey desatando el poder de su Espíritu. Sin embargo, en lugar de eso lo verías sacudiéndose el agua del cabello, haciendo una pausa y mirando el barro en la orilla, y luego dirigirse hacia el desierto. Al pasar cerca de ti podrías haberlo escuchado susurrando para sí algo acerca de aplastar el cráneo de una serpiente. Jesús sabe quién es. Entonces, ¿quién crees que eres tú?

¿QUÉ DESEAS?

El segundo paso en la tentación es la confusión de deseos. Santiago de Jerusalén les dijo a las ovejas de su rebaño que sin duda enfrentarían el aguijón de la tentación y que serían tentadas a culpar a Dios. Santiago escribió: "Cuando alguno es tentado, no diga que es tentado de parte de Dios; porque Dios no puede ser tentado por el mal, ni él tienta a nadie" (Stg. 1:13). Es probable que esto no parezca un problema para ti. Lector: dudo que alguna vez digas: "Siento que Dios está incitándome a salir para Acapulco con una identificación falsa y los fondos de jubilación de mi empresa en billetes pequeños y sin marcas".

Pero el peligro es que podríamos ver nuestras tentaciones como parte normal de la estructura del universo, como se supone que las cosas deberían ser. Esto se aplica tanto a creyentes como incrédulos. Debemos reconocer "que cada uno es tentado, cuando de su propia concupiscencia es atraído y seducido" (Stg. 1:14). A fin de cuentas, la historia humana empieza con un hombre culpando a Dios ("la mujer que me diste" [Gn. 3:12]) por el hecho de haber caído a sus propios deseos perversos.

Cuando Dios creó la humanidad, no nos diseñó para que fuéramos vacíos y sin pasiones. Había una misión que emprender, misión que requería ciertos deseos. Para vivir debemos tener deseos de comer. Para ser fructíferos y multiplicarnos debemos tener el impulso de copular.

Para someter la tierra debemos tener el arranque de la creatividad. Todo eso es perfectamente —y lo digo de manera literal: perfectamente— humano.

Cuando la serpiente atacó a Eva, lo hizo apelando a deseos que Dios había puesto dentro de ella, deseos que en sí y por sí mismos eran como el resto de la creación: buenos en gran manera (Gn. 1:31). Eva estaba diseñada para lo que es "bueno para comer" (Gn. 3:6) porque Dios había creado en los árboles que la rodeaban una variedad apetitosa de alimentos para que comiera. Ella estaba diseñada para reconocer lo bello. Después de todo, el texto que lleva al relato de la tentación celebra la belleza de la creación, describiendo la majestad del universo y la exuberancia del huerto en detalles líricos. No es casual que se sintiera atraída por el hecho de que el fruto prohibido "era agradable a los ojos" (Gn. 3:6). Eva fue diseñada para querer ser sabia, para ser como Dios. No en vano, fue formada a la imagen de Dios y debía representarlo en gobernar la creación como Dios lo hace, con sabiduría (Pr. 8:22-31). ¿Es de extrañar que encontrara tentador el fruto que podía hacerla sabia?

La serpiente sabía que en principio no debía cuestionar rotundamente la bondad o soberanía de Dios. En lugar de eso dejó que Eva reflexionara en lo que quería y después en por qué no podía tenerlo. Hizo que surgieran sus deseos por codiciar algo y la llevó a actuar. Seducida por sus propios deseos, se convirtió en esclava de la serpiente.

Un relato similar se encuentra en la primera narración de la tentación de Israel. La historia de Jacob y Esaú culmina en la perfecta organización de acontecimientos (es decir, perfecta desde un punto de vista demoníaco). Esaú, el primogénito, estaba "muy cansado" y hambriento después de venir de los campos, cuando se le acercó a su hermano Jacob que cocinaba un "guiso rojo" en una olla cerca de las tiendas. Esaú pidió: "Te ruego que me des a comer de ese guiso rojo, pues estoy muy cansado" (Gn. 25:30).

Ahora bien, esto difícilmente era lo que la mayoría de personas consideraría atractivo. Si lo olieras, probablemente una combinación de carne de cabra y lentejas, quizás tendrías que contener la necesidad de vomitar. Incluso para Esaú, este tal vez era un precio bastante ordinario. No se trataba de la delicadeza de la carne que rastrearía desde los bosques. Pero en su debilidad ansió dicho guiso más que nada, y por este nada en este momento me refiero literalmente a cualquier cosa.

Todo parecía muy objetivo, incluso en el estilo ametralladora en que termina la narración: "Él comió y bebió, y se levantó y se fue. Así menospreció Esaú la primogenitura" (Gn. 25:34). Fue solo un momento, tan largo como tarda un cazador hambriento en engullir el guiso rojo. Esaú fue atraído por sus deseos, atraído a la muerte.

Ahora, al considerar cómo Jesús entró al conflicto por nuestros deseos, debemos recordar la advertencia de Santiago de no confundir la tentación con la acción de Dios. Sin embargo, eso parece algo difícil de hacer, ya que las Escrituras nos dicen claramente que Jesús fue "llevado" al desierto por el Espíritu "para ser tentado por el diablo" (Mt. 4:1).

¿Está Dios llevando a Jesús hacia la tentación? ¿No es eso exactamente contra lo que Jesús nos enseñó a orar: "No nos metas en tentación"? ¿No parece como si Dios y Satanás estuvieran unidos en algún esfuerzo común contra un enemigo común: Jesús? Dios no lo quiera. Jesús fue tentado y probado.

Aquí en el desierto vemos en forma narrativa precisamente lo que Santiago enseñó sobre la naturaleza de la tentación. Ni nosotros ni Jesús somos tentados por Dios (Stg. 1:13). Ser tentados es ser atraído hacia el mal. "Dios es luz, y no hay ningunas tinieblas en él" (1 Jn. 1:5). Sin embargo, somos probados por Dios, y Jesús se nos une en esto. Santiago escribió: "Bienaventurado el varón que soporta la tentación; porque cuando haya resistido la prueba, recibirá la corona de vida" (Stg. 1:12). La diferencia entre probar y tentar no es un asunto trivial. El objetivo de la tentación es malo; el objetivo de la prueba es "que seáis perfectos y cabales, sin que os falte cosa alguna" (Stg. 1:4).

El antiguo libro de Job nos da una idea de la interacción entre la prueba de Dios y la tentación de Satanás. El texto nos habla de un hombre justo que vive en el temor de su Dios. Después "de rodear la tierra y de andar por ella", Satanás se acercó a Dios en los lugares celestiales para acusar a Job de obediencia basada solo en intereses personales. El Dios de Job permitió que el diablo fuera tras el hombre, pero solo con un límite decretado por Dios: Satanás no podía quitarle la vida (Job 1:6–2:10). Al tratar de incitar a Job a maldecir a

Dios, Satanás intentó el mal. Al tratar de demostrar la integridad de su siervo, Dios buscó la justicia.

El apóstol Pablo relata un escenario similar cuando escribe a la iglesia en Corinto sobre un misterioso aguijón en la carne que lo atormentaba, afirmando que se trataba de "un mensajero de Satanás que me abofetee" (2 Co. 12:7). Pero el apóstol también escribió que esta carga satánica era "para que la grandeza de las revelaciones [que se me habían dado] no me exaltase desmedidamente". ¿Quiso decir Pablo que Satanás, quien por definición es una fuerza de soberbia y autoexaltación, deseaba santificar al apóstol cultivándole la humildad? No. Pero lo que Satanás quiso para mal, Dios hizo que obrara para bien (Gn. 50:20; Hch. 2:23-24; 4:27-28; Ro. 8:28). La prueba de Dios y la tentación de Satanás pueden coincidir en el mismo suceso, pero son radicalmente diferentes, con distintos motivos y resultados esperados. En el desierto, Satanás intentó dominar los deseos de Jesús, para poder condenar al mundo. El Padre de Jesús tenía en mente algo muy diferente.

Ya hemos visto lo que los poderes satánicos han hecho para alejar del reino de Dios a la humanidad en general. Esa es nuestra historia universal humana. Jesús reordena el deseo humano al unirse a la especie como un ser humano con deseos. Después de todo, parte de lo que une a la especie humana con la maldad es que, en nuestro estado caído, nuestros deseos reflejan los de Satanás. Quién es Jesús debe ser probado por lo que Él quiere.

Jesús como la nueva humanidad fue al mismo campo de prueba que nuestros, y sus, antepasados. Máximo el Confesor sostuvo que, al ver al Señor Jesús en carne humana igual que Adán y Eva, los poderes malvados creyeron que era vulnerable a los mismos engaños que atraparon a la primera pareja. Jesús "se sometió a eso para que al experimentar nuestras tentaciones pudiera provocar el poder maligno y frustrar su ataque, dando muerte al mismo poder que esperaba seducirlo como le había sucedido a Adán en el principio".[4] Al estar donde

---

4. Máximo el Confesor, *On the Cosmic Mystery of Jesus Christ*, trad. Paul M. Bowers y Robert Louis Wilken (Crestwood, NY: St. Vladimir's Seminary Press, 2003), p. 111.

Adán estuvo, Jesús reclamó lo que Adán perdió. El primer Adán fue probado en el huerto bendito de Dios y cayó. El segundo Adán fue probado en el desierto maldito de Dios, y triunfó. El hecho de que Jesús estuviera en el desierto cuarenta días no es accidental. A fin de cuentas, no solamente estaba reviviendo la historia humana universal, sino la historia israelita en particular. Después que los israelitas fueron "bautizados" en el mar Rojo, también fueron llevados por el Espíritu al desierto para ser probados. Dios no estaba haciéndoles maldad allí; al contrario, los llevó al desierto "como trae el hombre a su hijo" (Dt. 1:31). Casi inmediatamente, los israelitas comenzaron a preguntarse: "¿Somos realmente los hijos de Dios?". Allí son probados, y según los criterios de sus deseos de provisión, protección y exaltación se vuelven y prueban a Dios. Después de resistir plagas de la misma clase que cayeron sobre sus enemigos en Egipto, los israelitas se negaron a ser disciplinados, no quisieron conformarse a la voluntad de Dios de hacerles bien. Y por eso la gran mayoría de ellos quedó en el desierto, separados de la tierra prometida (1 Co. 10:5). Ni siquiera Moisés, el hombre más manso que ha vivido, fue suficientemente manso para heredar la tierra (Dt. 3:23-29).

De toda la generación del éxodo, solo a Caleb y Josué, quienes habían creído la promesa de Dios desde el principio y que se mantuvieron fieles a su palabra, se les permitió entrar a la tierra de la herencia. Josué hizo que los "niños" (Dt. 1:39) entraran a la tierra, aquellos que no habían tenido suficiente edad para distinguir el bien del mal cuando sus padres se rebelaron.

Israel nunca fue un asunto de simple marca en la carne. Todos esos cadáveres en el desierto habían sido circuncidados. La cuestión es en cambio un corazón circuncidado: si nuestros deseos se ajustan a los deseos de Dios (Dt. 10:16; Ro. 2:29). En el desierto, Jesús fue probado en su corazón por las mismas pruebas que habían derrumbado a sus padres, en cuanto a si es el verdadero Israel de Dios, esa nación santa que anda en el camino del Señor. Él, como el verdadero Josué, es el pionero que va delante del pueblo, examinando por anticipado la oposición y dirigiendo las tropas cuando ha llegado el tiempo. Jesús fue probado para ver si era Israel en su corazón, si era el hijo de Dios.

En el desierto, Jesús también fue probado en cuanto a si estaba calificado para ser rey. Los reyes de Israel habían hundido vez tras vez sus propias administraciones al seguir tras deseos rebeldes, fuera por poder militar, placer sexual, venganza asesina, riqueza material o cualquier otra cosa. Jesús demostró que cumplía con las normas divinas de Deuteronomio 17 para ser monarca de la nación de Israel, a fin de defender a su pueblo como pastor e hijo de Dios.

Igual que los reyes antes que Él, su unción condujo inmediatamente a la guerra. Tanto Saúl como David, después que el Espíritu cayó sobre ellos, fueron guiados a lugares desolados para pelear contra los enemigos del pueblo. Estas escaramuzas iniciales estaban diseñadas para enseñarles de dónde venía su fortaleza real: "No con ejército, ni con fuerza, sino con mi Espíritu, ha dicho Jehová de los ejércitos" (Zac. 4:6).

Jesús no solo fue ungido para ser rey, sino que más específicamente fue ungido para ser rey en la línea de David. Después de su unción, David fue enviado al desierto, donde fue localizado por Saúl, el rey que fue depuesto por Dios, pero cuyo reinado aún no había colapsado a su alrededor. David, protegido por Dios y dotado de sabiduría, escapó de las acechanzas y trampas de Saúl. Sobrevivió para asumir el trono sin convertirse en el proceso en enemigo del rey. Dios prometió que habría otro Rey, un Ungido, de quien afirmó: "No lo sorprenderá el enemigo, ni hijo de iniquidad lo quebrantará" (Sal. 89:22). Y aquí se hallaba, en el desierto, el combatidor de demonios que sería rey.

En cualquier análisis sobre las tentaciones de Jesús, alguien típicamente preguntará: "¿Podría haber pecado Jesús?". Para responder eso, yo simplemente diría que depende de lo que signifique "podría" para esa persona. Responderé con otra pregunta. Piensa en quien más amas. Mientras tienes el rostro de este ser amado en mente, permíteme preguntarte: "¿Podrías asesinar a esa persona?". Es muy probable que tu respuesta sea: "¡Desde luego que no!". Después me dirías cuánto amas a ese ser, qué significa para ti, etc. Eres incapaz de matar a esta persona porque el mismo acto se opone a todo lo que eres. (Nota: Si respondiste con un alegre "¡Claro que lo haría!" a esa pregunta, cierra por favor este libro y busca ayuda profesional).

En respuesta a mi pregunta, se puede suponer que "podría" quiere decir capacidad moral. Pero aquí también podría significar una habilidad natural. Me dirás que "no podrías" asesinar a tu ser amado, pero eso no es señal de que estás diciendo que no podrías enfrentarte a esta persona. Estás diciendo que no la asesinarías.

Jesús mismo es la unión de Dios y el hombre, con naturaleza tanto humana como divina. Por supuesto, Dios es moralmente incapaz de pecar. Pero en su naturaleza humana, Jesús realmente desea aquello para lo que fue diseñada la humanidad. ¿Pudo haber pecado, es tal su naturaleza que es capaz de ser tanto luz como tinieblas? No. ¿Pudo Él haber pecado, ya que era físicamente capaz de comer pan, arrojarse desde un templo, ponerse de rodillas y expresar las palabras "Satanás es señor"? Desde luego que sí.

Es en este punto que a menudo malinterpretamos la solidaridad de Jesús con nosotros. También a menudo suponemos que nuestro estado pecaminoso actual es lo que significa ser "real". Eso se debe a que no hemos conocido un mundo en que no haya pecado. Si vivieras toda la vida en una costa cerca de un derrame continuo de petróleo, podrías llegar a la conclusión de que la naturaleza de las gaviotas es estar cubiertas de alquitrán. Sin embargo, al viajar y ver estas aves en su estado natural, descubrirás que tu experiencia fue anormal; esa no es la manera en que debe ser. Muy a menudo descartamos como "demasiado humano" lo que no es humano en absoluto; esta es una naturaleza satánica parásitamente impuesta sobre lo humano después de la caída del Edén.

La Biblia nos dice que Jesús "simpatiza" con nosotros en nuestras tentaciones (He. 4:15). Pero erramos cuando creemos que esta simpatía es alguna clase de denegación psicológicamente motivada o de minimización del pecado. Solo piensa en las reacciones de tus amigos si estás sentado con ellos mientras hablan de sus tentaciones. Uno podría confesar lujuria, y muchos en el grupo asentirían con la cabeza en comprensión. Otro podría confesar un espíritu no perdonador o una tendencia a exaltarse. De nuevo, como una forma de animar, varios ofrecerían las palabras "Sé cómo es eso". Sin embargo, es probable que si alguien dijera: "Tengo un deseo persistente de lanzar gatitos a una trituradora de madera", dejarían de asentir y de afirmar. Probablemente le darías a quien estuviera a tu lado un codazo debajo de la mesa en incredulidad e intercambiarías miradas con la persona frente a ti, lo que significaría algo como: "Amigo, ¿es este tipo un enfermo, o qué?". A menudo podemos justificar más los pecados en otros si corresponden con nuestros propios errores, porque los entendemos.[5] El libro de Hebreos nos dice que Jesús debió "ser en todo semejante a sus hermanos" (2:17). Este fue un acto de guerra espiritual: "Así que, por cuanto los hijos participaron de carne y sangre, él también participó de lo mismo, para destruir por medio de la muerte al que tenía el imperio de la muerte, esto es, al diablo" (He. 2:14). La solidaridad de Jesús con nosotros como ser humano, como un "hijo de Dios", significó que enfrentó todo, desde sudar por los poros hasta movimiento de intestinos y de glándulas adrenales.

Esta humanidad no fue simplemente física, "carne" en las Escrituras no se refiere solo a lo material. Él también asumió vida humana emocional, volitiva, intelectual y espiritual. Como hombre, Jesús tenía deseos reales. Podía sentirse solo, tener hambre, enojarse y agotarse. Experimentó todo esto igual que nosotros, solo que sin pecar.

Esperamos que Jesús haya soportado la tentación como nosotros la soportamos, y lo hizo. Pero mucho de lo que incluimos en "tentación" para nada es tentación; es algo que está más allá de nuestros deseos creados a los cuales apelamos. Se trata más bien de esas etapas embrionarias de deseo pecaminoso. La prueba de Jesús en el desierto fue, en realidad, cuarenta días de tortura, pero esta no se debió a que Él, igual que nosotros, ansiara hacer lo prohibido. Se debió a que al estar integrado con esos deseos humanos buenos y naturales, Él anhelaba lo que era bueno en cada una de las cosas que se le negaban (temporalmente).

La simpatía que Jesús tiene por nosotros no es principalmente psicológica (aunque desde luego que nuestro Cristo conoce nuestra estructura como polvo y lo ha experimentado de primera mano). La simpatía aquí es principalmente identificación. La Biblia afirma que Él sufrió cuando fue tentado, y por eso "es poderoso para socorrer a los que son tentados" (He. 2:18). La simpatía tiene que ver con estar calificado para "ser misericordioso y fiel sumo sacerdote" (He. 2:14-17),

---

5. Esta declaración no es sin excepción. A veces arremetemos con la mayor fiereza por los pecados que cometemos (Ro. 2:21-23).

ser un mediador humano delante de Dios. Se trata entonces de simpatía literal, un sentimiento de estar al lado de alguien, una compasión, una pasión que nos identifica con la otra persona.

Para Jesús era importante asumir la naturaleza humana en todos sus aspectos (incluso deseos) porque Él vino aquí a transformar la naturaleza humana, a restaurarnos otra vez a la gloria del resplandor pleno de la imagen de Dios. Así como Adán había sido el punto alfa de la antigua humanidad, Jesús debió "resumir" en sí mismo todo lo que significa ser la nueva humanidad delante de Dios (Ef. 1:10).

Por tanto, Jesús tuvo que reclamar el deseo humano bajo la dirección del Espíritu Santo. La Biblia declara: "Aunque era Hijo, por lo que padeció aprendió la obediencia; y habiendo sido perfeccionado, vino a ser autor de eterna salvación para todos los que le obedecen" (He. 5:8-9). La simpatía de Jesús por nosotros en la tentación es que en sí mismo sublimó las pasiones humanas ("la carne") a la dirección del reino de Dios ("el Espíritu"). Él transformó la voluntad humana sometiéndola, mediante la comunión inquebrantable con su Padre, a poder decir: "No se haga mi voluntad, sino la tuya".[6]

Esto no ocurrió para sí mismo. Después de todo, Jesús había experimentado esta voluntad perfectamente sincronizada en comunión con su Padre "antes que el mundo fuese" (Jn. 17:5). Luego dijo de sus seguidores presentes y futuros: "Por ellos yo me santifico a mí mismo, para que también ellos sean santificados en la verdad" (Jn. 17:19). Ahora bien, el mismo Espíritu que llevó a Jesús por este recorrido en el desierto, y que lo levantó de los muertos, fluye a través de quienes están unidos por fe a Jesús (Ro. 8), así como los nutrientes de una vid fluyen a sus ramas (Jn. 15).

Como veremos, el poder satánico desafió continuamente los deseos de Jesús. Satanás no intentaba que Jesús usara su poder en forma independiente, como suponemos comúnmente. En lugar de eso, instó a Jesús para que dirigiera a Dios a usar el poder divino por el bien de Jesús. Es decir, Satanás quería que este hijo del Padre hiciera que sus deseos fueran primordiales, y su comunión con Dios un medio para

---

6. Thomas F. Torrance, *Incarnation: The Person and Life of Christ*, ed. Robert T. Walker (Downers Grove, IL: InterVarsity), p. 119.

ese fin. Esto desvincularía en forma permanente los deseos del hombre de la buena voluntad de Dios, manteniendo a la humanidad impulsada por el príncipe demoníaco a través de "los deseos de nuestra carne, haciendo la voluntad de la carne y de los pensamientos" (Ef. 2:3).

El deseo es algo poderoso. Aquí es donde el darwinismo está en lo cierto. Cualquiera que sea tu opinión del pensamiento evolutivo, que es realmente cierto o no, casi nadie piensa en un posible interés romántico: "Hay un conjunto de material genético que podría propagar con éxito mi ADN a la siguiente generación". Incluso si eso es lo que está detrás de todo (y sostengo que no lo está, o al menos que no todo está detrás de esto), muy pocos pensamos: "¡Es indudable que posee caderas adecuadas para tener hijos!", "Con músculos como esos, él podrá defender adecuadamente de los depredadores a mis hijos", o lo que sea. No pensamos en forma racional por qué nos gustan los alimentos que nos gustan, o por qué nos sentimos atraídos a dormir toda la mañana en el caso de una persona, o a trabajar de manera compulsiva en el caso de otra. Simplemente nos sentimos atraídos hacia algo o alguien que nos gusta, y es posible que ni siquiera conozcamos de modo cognoscitivo todas las razones de por qué ocurre esto. Sencillamente queremos lo que deseamos, y a veces queremos lo que no necesitamos. Hay otros pastores además del buen pastor, y este no es el único que deja las noventa y nueve para ir detrás de una.

Al final te encuentras caminando "según la carne", es decir, de acuerdo con tu aspecto personal de criatura aparte del gobierno de Dios; y no "según el Espíritu", es decir, de acuerdo con la dirección de Dios (Ro. 8:4-8). Cualquiera que sea el deseo (por comida, atención, admiración, aventura, fama, seguridad o lo que sea que ansíes en el momento), una vez que este se aleja de su fin previsto se convierte en un amo.

El tirón de las pasiones promete siempre una resolución de lo que "apasiona". *Manipularé a mi compañero de trabajo con un poco de chisme de oficina, solo una vez. Veré la imagen pornográfica solo para ver cómo es.* Pero las pasiones son un señuelo. A menos que encuentren resolución en la manera que Dios diseñó el universo mediante su sabiduría, las pasiones están perpetuamente insatisfechas.

En última instancia, los deseos —siempre en busca de satisfacción, sin encontrarla— te dominan (2 P. 2:19). Santiago advirtió a las iglesias que las pasiones "combaten en vuestros miembros" porque "codiciáis, y no tenéis... lo que deseáis" (Stg. 4:1-2). No hay un límite superior de fama que alguna vez pueda satisfacer a quienes la anhelan. No hay una cantidad monetaria con la cual quienes ansían éxito económico puedan decir: "Es suficiente". No hay un orgasmo que se sienta tan bien que dure toda la vida. Cuando la tentación progresa dentro de ti, no te sacias "de pecar" (2 P. 2:14). Estás atrapado.

A medida que la tentación progresa, los poderes demoníacos quieren actuar de común acuerdo con, no en oposición a, aquello que deseas. Recuerda que hay una razón de por qué los trabajadores del matadero quieren mantener a las vacas alimentadas, contentas y desprevenidas. Hay un salón de sangre al final del camino. El señuelo del deseo nunca aparece de repente. Eso te ahuyentaría. Los deseos deben cultivarse poco a poco, hasta que estás listo para ceder ante ellos. Esaú no habría pensado en un intercambio tan insensato como una herencia por un potaje si su estómago hubiera estado satisfecho. Si David hubiera visto desnuda a Betsabé justo después de su victoria sobre Goliat, probablemente se habría ruborizado y habría huido. La caída, en cada caso, se veía venir.

Por definición, la tentación es sutil y personalmente específica, con una estrategia para entrar como larva y luego emerger en la plenitud de tiempo con una fuerza animal destructiva. Por eso es que Santiago usa un lenguaje embrionario para hablar de lo "atractivo" del deseo: "Entonces la concupiscencia, después que ha concebido, da a luz el pecado; y el pecado, siendo consumado, da a luz la muerte" (Stg. 1:14-15).

Están observándote. Los poderes demoníacos han tenido milenios para observar la naturaleza humana. Pero eso no es suficiente. Como señala el granjero y poeta Wendell Berry sobre la cría de ganado, un ganadero competente debe conocer no solamente la naturaleza de las especies y las razas de animales, sino también "la individualidad del animal".[7] Los poderes espirituales allá afuera son expertos ganaderos cósmicos que personalizan un plan de tentación que se adapta a la

---

7. Wendell Berry, *Life Is a Miracle: An Essay Against Modern Superstition* (Washington, DC: Counterpoint, 2000), p. 116.

forma en que funcionan tus deseos en particular. Ellos observan qué te hace volver la cabeza y qué te acelera el pulso. Igual que se siente el guardia romano con un clavo en la mano sobre el brazo del Señor Jesús mientras busca la vena bajo la piel, los seres demoníacos marcan tus puntos débiles, evaluándote para poder crucificarte. Encontrarán lo que deseas, y te lo darán.

El hijo insensato en Proverbios 7 recibió paso a paso lo que deseaba. Todo, desde el deseo de la adúltera por él hasta el viaje casual del esposo fuera de la ciudad, todo encajó en su lugar. Tal situación debió parecer una afortunada casualidad.

A veces los cristianos toman decisiones basándose en ver oportunidades abiertas. En nuestra jerga espiritual hablamos a menudo de "puertas abiertas", "puertas cerradas" y de "ver dónde Dios actúa" en medio de las circunstancias, como evidencia de que el Señor está guiándonos a hacer una cosa u otra. En cierto sentido, eso es sabiduría, observar la situación que nos rodea para tomar una decisión. Pero, en ocasiones, las personas suponen que las "puertas abiertas" en sus vidas son señales para avanzar. ¿Cómo no podría ser esto correcto cuando todo parece encajar a la perfección? Sin embargo, ¿y si algo malvado estuviera delante de ti, abriéndote puertas que llevan justo a las cámaras del infierno?

Por tanto, una vez más, ¿qué tiene que ver la prueba del deseo de Jesús con lo que atraviesas en este momento? Bueno, deja de leer esto por un instante y haz la prueba de la isla desierta. Hace años, un amigo me contó que temía que no se hubiera arrepentido de una tentación que según parece había vencido años antes. Me confesó: "Temo que lo único que he hecho es salirme del camino de la oportunidad". Afirmó que sabía que este era el caso porque si estuviera a solas con lo que lo tentaba, solo en una isla desierta, sin nadie cerca y sin manera de que alguien llegara a averiguar lo que había hecho, "sencillamente lo haría. Sé que lo haría".

Hazte ahora esa pregunta. Imagina que podrías hacer cualquier cosa, que podrías hacer que eso suceda exactamente como deseas, y que luego retrocedes y reviertes el tiempo de modo que eso nunca hubiera ocurrido, sin consecuencias para tu vida, tu trabajo, tu familia o para el día del juicio final. ¿Cómo sería? Cualquier cosa que venga a tu mente podría ser una buena perspectiva de dónde están cultivándose tus deseos.

Jesús soportó la prueba de la isla desierta. En realidad, estaba en un lugar desierto, sin nadie alrededor y sin que alguien (de carne y sangre, por cierto) habría sabido alguna vez si había cedido a la tentación. Pero permaneció allí, confiando y obedeciendo, para sí mismo y para ti. Al haber sido tentado y hallado obediente ante Dios en sus deseos, Jesús es un Sumo Sacerdote capaz y Cabeza de una nueva humanidad. Él puede, a través del Espíritu, conformar nuestros deseos a los suyos, siendo otros dirigidos hacia Dios y el prójimo. Mientras tanto, existen voces a tu alrededor que te preguntan: "¿Qué quieres?".

¿A dónde vas?

La especialista en mataderos que escuché en la entrevista ofrece en ocasiones recorridos por las plantas que inspecciona, enseñando a las personas cómo obtienen su carne. Ella afirma que la gente suele sentirse terriblemente mal. Una mujer en un recorrido entró accidentalmente, justo al principio, al salón de sangre donde se sacrificaban los animales. Al ver carnicería por todas partes sintió náuseas y se traumatizó. La científica la ayudó a serenarse llevándola a una pasarela elevada desde donde podía observar la pacífica escena del ganado caminando tranquilamente hacia su final. Ya sin pensar en la sangre que había visto, la turista en el matadero bajó de la pasarela y manifestó. "No es tan malo ahora".[8] Ver la etapa final en forma separada desde el inicio fue un horror. Imagina cómo le parecería al ganado mismo, si pudiera ser consciente de esto.

La etapa final en el ciclo de la tentación es el reto de tu futuro. Santiago advirtió que el deseo "da a luz el pecado; y el pecado, siendo consumado, da a luz la muerte" (Stg. 1:15). La tentación funciona solo si están ocultos los posibles futuros que se te abren. Las consecuencias, incluso las del día del juicio final, deben ocultarse de la vista o negarse de plano.

---

8. Temple Grandin y Catherine Johnson, *Animals Make Us Human: Creating the Best Life for Animals* (Boston: Houghton Mifflin Harcourt, 2009), pp. 299-300.

La primera tentación que vemos en las Escrituras es una competencia de visiones del futuro. Dios había dado a la humanidad una imagen de bendición (un universo fructífero bajo el gobierno humano) y una imagen de maldición (un universo bajo el reinado de la muerte). Dios les declaró al hombre y la mujer: "Del árbol de la ciencia del bien y del mal no comerás; porque el día que de él comieres, ciertamente morirás" (Gn. 2:17). Así como Dios creó a los humanos con un deseo por alimento, adoración, comunión, sexo, vocación, etc., también los creó con deseos de vivir. Un consumo suicida de alimentos espiritualmente envenenados para nada es natural. A fin de llevar a Eva hasta ese punto, la serpiente debía ofrecerle su propia visión del futuro: "No moriréis" (Gn. 3:4). Le ofreció a Eva otra realidad futura posible: deidad aparte de someterse al Creador.

Pero la serpiente no deseaba ocultarle permanentemente el juicio a Eva, sino solo hasta que cayera y llevara a su esposo a hacer lo mismo. A fin de cuentas, en última instancia, a la serpiente no le preocupaba el árbol del conocimiento del bien y el mal. Le preocupaba el árbol de la vida, la fuente de la existencia continua en Dios del hombre y la mujer. El dragón sabía que, si ellos se volvían como él, estarían separados de la comunión con Dios y que en juicio serían expulsados del santuario de Dios, de la presencia de ese árbol dador de vida.

La Biblia revela que ahora los poderes vigilan a la humanidad, acusándola "delante de nuestro Dios día y noche" (Ap. 12:10). ¿Por qué la acusan? Porque quieren que la imagen esté fuera del camino y acusada de una ofensa capital contra la santidad de Dios. Los poderes no podían ascender al trono legítimo de Dios, pero sí podían ascender al trono legítimo del hombre. Fueron asesinos desde el principio (Jn. 8:44, NVI), y al remontarnos en la historia podemos oler ahora que apesta a cadáveres en descomposición y a sangre salpicada.

En la tentación primordial de Israel, el futuro estaba igualmente protegido de la vista. Como siempre es finalmente el caso, los deseos se unieron con miedo a la muerte. Cuando el hermano engañador Jacob ofreció negociar un intercambio, el plato del guiso rojo por la primogenitura (es decir, la reclamación de Esaú del derecho de primogenitura a la herencia de su padre), Esaú contestó con palabras que deberían hacernos mirar avergonzados al suelo: "Yo me voy a morir; ¿para qué, pues, me servirá la primogenitura?" (Gn. 25:32). No obstante, la muerte estaba en ese plato. Lo que Esaú perdió no era simplemente suyo. Le pertenecía a toda su línea familiar, toda la descendencia después de él. Según su lugar en el orden, él debía ser uno de los patriarcas del pueblo de la promesa, los hijos de "Abraham, Isaac y Esaú". Pero el hambre momentánea lo descarrió a él y a sus hijos, hasta mil generaciones. Esaú finalmente se daría cuenta de esto… mucho después que se hubiera olvidado de esas punzadas estomacales momentáneas y de esa salivación momentánea por comida. Pero ya "no hubo oportunidad para el arrepentimiento, aunque la procuró con lágrimas" (He. 12:17).

Aquí está quizás la parte más crítica para nosotros respecto a la prueba de Jesús en el desierto. Si somos sinceros, algunas de las tentaciones del Señor nos parecen algo triviales, como veremos más adelante. Pero si Jesús hubiera sucumbido en algún sentido a los ofrecimientos de Satanás, se habría convertido en pecador. Habría sido temeroso del diablo en lugar de temeroso de Dios. Habría sido descalificado de ser rey sobre Israel y rey sobre el universo. Y tú y yo estaríamos ahora en el infierno.

Recuerda que Jesús fue "al desierto". En el mundo bíblico, el desierto era peligroso en el nivel más primario: seco, estéril, solitario, indómito. En un pasaje que muchos cristianos antiguos creían que hablaba de la caída de Satanás, la Biblia se refiere al enemigo como aquel "que trastornaba los reinos" y "que puso el mundo como un desierto" (Is. 14:16-17). El juicio de Dios significa un regreso al estado prehistórico de la tierra ("desordenada y vacía" [Gn. 1:2]), y ver el final de la ira de Dios significa contemplar cómo "el campo fértil era un desierto, y todas sus ciudades eran asoladas" (Jer. 4:26). El desierto representa un lugar de abandono literal como una "morada de chacales" (Jer. 10:22). La maldición de Dios sobre la tierra ("espinos y cardos" [Gn. 3:18]) se ve con toda su fuerza en los lugares desérticos, donde como veremos, es prácticamente imposible para el ser humano producir pan del suelo (Gn. 3:17-19).

El reino de Dios que anunciaron las profecías antiguas es lo opuesto de un desierto; es "como arroyos de aguas en tierra de sequedad" (Is. 32:2), como agua que da vida y convierte el desierto en un lugar de árboles y agua dulce repleta de peces (Ez. 47:1-12). Al final de la era, "se alegrarán el desierto y la soledad; el yermo se gozará y florecerá como la rosa" (Is. 35:1) como aguas "cavadas en el desierto, y torrentes en la soledad" (Is. 35:6). Las personas dirán al final: "Esta tierra que era asolada ha venido a ser como huerto del Edén; y estas ciudades que eran desiertas y asoladas y arruinadas, están fortificadas y habitadas" (Ez. 36:35). Cuando "sea derramado el Espíritu de lo alto, y el desierto se convierta en campo fértil, y el campo fértil sea estimado por bosque... habitará el juicio en el desierto, y en el campo fértil morará la justicia" (Is. 32:15-16). El desierto al que Jesús entró difícilmente era fructífero, difícilmente agradable.

El desierto en las Escrituras representa no solo un lugar de prueba, sino también un lugar de juicio. Como el nuevo Adán, Jesús experimentó en el desierto la maldición provocada por el primer Adán. Como el nuevo Israel, Jesús trabajó durante cuarenta días bajo el deambular impuesto al antiguo Israel por su idolatría y sus quejas contra Dios. Como el nuevo rey, Jesús vagó en un terreno de exilio, sin un pueblo allí sobre el cual reinar.

Cuando nuestros antepasados cedieron su dominio a la serpiente, Dios anunció que esto no siempre permanecería así. El dios serpiente sería derrocado y derribado por lo mismo que los poderes odiaban: el gobierno de Dios sobre el universo a través de una señal portadora de imagen: la humanidad. Dios afirmó que "la simiente" de la mujer heriría a la serpiente en la cabeza (Gn. 3:15).

Sin embargo, en cada generación, la serpiente olfatearía a los nuevos hijos del hombre y los encontraría a todos cubiertos con el hedor de la muerte. Las genealogías de la Biblia, y de cualquier otra historia, demuestran el mismo resultado final: "Y murió... y murió... y murió". Cada muerte era una exposición; el cadáver se veía como parte de la conspiración satánica y por tanto era cortado del árbol de la vida. Los poderes deben haberse tranquilizado durante miles de años: "Sin duda no moriremos". Pero ahora aquí se hallaba Él, el Hijo de Dios.

Los israelitas experimentaron un bautismo de agua en el mar Rojo, pero experimentaron un bautismo de fuego en el desierto. Trajeron sobre sí mismos el juicio de Dios, y el desierto (destinado a ser un lugar de paso temporal, un recorrido por un "valle de sombra de muerte"

[Sal. 23:4]) se convirtió en el lugar de ejecución de su condena. Creyeron que el enemigo estaba detrás de ellos, ahogado en el mar. Pero el enemigo detrás del enemigo aún acechaba en el desierto y en sus propios corazones no circuncidados. Debido a su rebelión constante contra Dios, los cuerpos de muchos de ellos quedaron sepultados allí en el desierto. Ser llevados a través del desierto es misericordia (Ez. 20:17). Quedarse en el desierto es juicio.

Los lectores judíos de Juan conocían sus biblias. Entendían el concepto de un animal que se "llevaba" el pecado humano a lugares desérticos. Al pueblo de Israel se le había dicho durante su deambular por el desierto que matara animales, y que la sangre presentada por los sacerdotes se derramara como sacrificio por sus pecados contra Dios. Pero el sacerdote también debía poner las manos sobre un macho cabrío vivo "y confesará sobre él todas las iniquidades de los hijos de Israel, todas sus rebeliones y todos sus pecados" (Lv. 16:21). Después de esto, el sacerdote debía poner los pecados "sobre la cabeza del macho cabrío, y lo enviará al desierto" (v. 21). Dios pronunció por medio de Moisés: "Aquel macho cabrío llevará sobre sí todas las iniquidades de ellos a tierra inhabitada; y dejará ir el macho cabrío por el desierto" (v. 22). Dios afirmó que este macho cabrío debía ser presentado vivo para luego "enviarlo a Azazel al desierto" (v. 10). Azazel es un personaje misterioso en el Antiguo Testamento, pero se cree que es un demonio de cabra, una presencia malvada y temida allá afuera en el caos.

A veces los cristianos han debatido si somos salvos del diablo o de la ira de Dios. En las Escrituras está claro que la respuesta es ambas cosas. Se trata del juicio de Dios que viene contra la humanidad rebelde. La paga del pecado equivale a muerte. Pero ser entregados a Satanás es un juicio aterrador de Dios (1 Co. 5:1-5), quien ejerce la pena de muerte entregando a los injustos a aquel que tiene el imperio de la muerte: el diablo (He. 2:14). Por eso es que uno de los juicios más aterradores que Dios impuso a los israelitas en el desierto fue de serpientes.

En uno de los episodios de la insurrección israelita contra Dios en el desierto, Él "envió entre el pueblo serpientes ardientes, que mordían al pueblo; y murió mucho pueblo de Israel" (Nm. 21:6). Cuando algunos del pueblo clamaron por misericordia, Dios ordenó a Moisés que hiciera una imagen de bronce de una serpiente y la colocara sobre una asta. "Cualquiera que fuere mordido y mirare a ella, vivirá", le dijo Dios al pueblo (Nm. 21:8). Para librarse de la maldición que había caído sobre ellos de depredadores venenosos y de la misma muerte, el pueblo debía mirar la maldición en sí, elevada y enaltecida. Jesús dijo que este medio de escape del juicio apuntaba a algo más, algo futuro. A un rabino que lo visitaba le declaró: "Como Moisés levantó la serpiente en el desierto, así es necesario que el Hijo del Hombre sea levantado, para que todo aquel que en él cree, no se pierda, mas tenga vida eterna" (Jn. 3:14-15).

Jesús, como el redentor del mundo diseñado por Dios, carga sobre sí mismo nuestras iniquidades (Is. 53:4-5). Él se vuelve maldición por nosotros al llevar el castigo de la ley (Gá. 3:13). Su identificación con esa maldición no empieza cuando los clavos del Gólgota le atraviesan las manos. La identificación de Jesús con nuestro juicio empieza en su bautismo de arrepentimiento, por nosotros, y cuando va por primera vez "fuera del campamento" (He. 13:13) por nosotros para encontrarse con el portador de nuestra antigua maldición.

En el desierto, Jesús se prepara para el sacrificio como quien lo ofrece y como la ofrenda misma. Como la ofrenda, es probado y hallado sin mancha, sin pecado. Como el Sumo Sacerdote, es encontrado digno de entrar a la presencia de Dios para ofrecer su propia sangre. Sin embargo, como todo sumo sacerdote, debe ser uno del pueblo que representa ("tomado de entre los hombres... constituido a favor de los hombres en lo que a Dios se refiere"), y debe ser escogido por Dios ("nadie toma para sí esta honra" [He. 5:1, 4]).

A pesar de lo lejos que estamos de los antiguos hebreos, podemos entender algo de la justicia en esto. Supongamos que estuvieras en un juicio por un delito. En teoría, supongo que un programa de computadora podría comparar las leyes de tu estado con los datos ingresados sobre los hechos de tu caso. Es probable que no quisieras eso, sino un jurado de otros seres humanos, tus semejantes. Imagina ahora la misma sala de tribunal, pero esta vez no estás allí como acusado sino como miembro de la familia en duelo que testifica contra el asesino en serie que le quitó la vida a alguien cercano a ti. ¿Te importaría si el juez mismo fuera un asesino en serie? Desde luego que sí. Eso sería injusto, y protestarías tanto como pudieras.

Las Escrituras declaran: "Por lo cual debía ser en todo semejante a sus hermanos, para venir a ser misericordioso y fiel sumo sacerdote en lo que a Dios se refiere, para expiar los pecados del pueblo. Pues en cuanto él mismo padeció siendo tentado, es poderoso para socorrer a los que son tentados" (He. 2:17-18). Él es capaz de ofrecer el sacrificio porque es uno de nosotros, probado hasta la médula, "pero sin pecado" (He. 4:15).

Lo que se anuncia aquí en el desierto es la cruz y la resurrección venidera. La presencia del Espíritu antes y después de las narraciones de la tentación no puede exagerarse (Lc. 4:1, 14). Al fin y al cabo, el Espíritu es la señal de la unción, la presencia de Dios con su rey. El Espíritu le fue arrebatado a Saúl cuando este se rebeló contra Dios, un destino contra el cual David suplicó en arrepentimiento después de su episodio de sexo abusivo y asesinato (Sal. 51:11). Jesús fue tentado y probado, y aun así regresó con el mismo Espíritu que había venido sobre él en el agua y lo había llevado al desierto. Jesús soportó sufrimiento, pero no fue abandonado hasta la tumba.

Incluso en el desierto, Dios estaba tan presente en Jesús que vemos una imagen ante nuestros ojos no solo del juicio futuro de Dios, sino también de la paz futura de Dios al otro lado. "Estuvo allí en el desierto cuarenta días, y era tentado por Satanás, y estaba con las fieras; y los ángeles le servían" (Mr. 1:13). A diferencia de sus antepasados Adán e Israel, Jesús no es presa de las bestias depredadoras. Estas reconocen el señorío de Cristo. Él no queda al margen del paraíso mediante una ardiente espada angelical. Los ángeles también reconocen esto. Jesús demuestra en sí mismo la paz restaurada entre los órdenes humano, angelical y animal que las Escrituras profetizan para el día en que el pecado se borre y la muerte ya no exista (Is. 9:1-7). El reino de Dios está ahora entre los seres humanos, tal como aseguró la voz que clama en el desierto.

A medida que tú y yo recorremos el desierto, los poderes tentadores intentarán, como hicieron con nuestros antepasados y con Jesús, distorsionar la forma en que vemos nuestro futuro. No importa si sé que comer donas fritas con mucha grasa cada mañana pueda elevar mis niveles de colesterol, a menos que también pueda imaginar la posibilidad de un ataque cardíaco. Decido dar a mis hijos bloques de construcción y no fósforos para que jueguen, porque puedo imaginar cómo sería ver mi casa incendiándose. Cuando un miembro de la iglesia me dice que la única cana en la parte superior de mi cabeza está "distrayéndolo", decido escucharlo con paciencia en lugar de sujetarlo y golpearlo en el suelo. Procedo así porque puedo prever cómo sería perder mi oportunidad de servir a Cristo en el ministerio (y por supuesto, porque estaría mal). Una pérdida de perspectiva del futuro nos trastorna.

Por ejemplo, casi todas las situaciones de adulterio que he presenciado incluyen a un cónyuge infiel que cree sinceramente que no será atrapado. A menudo el infiel no quiere que el matrimonio termine en divorcio, sino que quiere que todo siga igual: cónyuge, hijos y también amante. Creo que eso es irracional y completamente opuesto al modo en que el mundo funciona. Pero puedes convencerte, o estar convencido, de que eso funcionará bien para ti. Después de todo, eres especial. Así es como funciona la tentación. No pensamos en las consecuencias, tanto temporales como eternas.

Cuando se trata de Dios, nos convencemos de que Él no ve (Sal. 10:11; 94:7) o que no nos pedirá cuentas (Sal. 10:13), pero para proceder así tenemos que acallar nuestra conciencia diseñada por Dios que continuamente señala los criterios por los cuales seremos juzgados delante del tribunal del Creador (Ro. 2:16).

Los poderes demoníacos no solo nos darán lo que anhelamos, sino que nos ayudarán a cubrirlo, por un corto período. Esa es precisamente la ironía. A menudo pasas de una tentación a la otra porque no te han atrapado. Esto te da una ilusión de que un capullo te protege de la justicia. Sin embargo, los poderes del mal no quieren que te atrapen... todavía, no tan temprano en la marcha hacia el matadero. Ellos no tienen solo setenta u ochenta años de vida. Son antiguos y pacientes, y están muy dispuestos a esperar hasta que tu caída traiga consigo las consecuencias más catastróficas... para ti, para tu familia, para el reino de Dios y para la imagen de Cristo que portas. Así que te ayudarán a cubrirlo todo, y luego te pondrán al descubierto sin piedad alguna. Pero nunca verás venir esto en la curva.

Donde antes las presencias invisibles contradecían los contenidos de la ley, ahora nos los recuerdan hasta el más mínimo detalle, y cómo los hemos violado. Donde antes se burlaban con nosotros incluso de la posibilidad de juicio futuro, ahora desean restregar la certeza de esto incluso delante de nuestros ojos. Nos acusan con nuestras propias conciencias transcritas como evidencia. Y sabemos que tienen razón. Eso es lo que hace de las tentaciones de Jesús en el desierto tan liberadoras para nosotros. Sí, lo asaltaron los poderes demoníacos. Intentaron acusarlo. Pero Él también estaba siendo tentado y probado por su Padre, una demostración visible de su integridad de corazón. Es por medio del Espíritu de este Cristo que David cantó a Dios: "Tú has probado mi corazón, me has visitado de noche; me has puesto a prueba, y nada inicuo hallaste" (Sal. 17:3).

A diferencia de Adán, Israel y yo, Jesús siempre recordó su futuro. Frente a la tentación satánica, no se rindió, porque no tenía nada que ocultar. Como afirmó en su camino al Lugar de la Calavera, "viene el príncipe de este mundo. Él no tiene poder sobre mí" (Jn. 14:30, NBV). El reino viene a través de un Cristo tentado, probado y triunfante. Mientras tanto, al antiguo demonio del desierto todavía nos pregunta: "¿A dónde vas?".

CONCLUSIÓN

Estás a punto de arruinar tu vida. Lo sé con certeza. No soy un psíquico, ni te leo la mente mientras lees este capítulo. Dudo que este libro se imprima lo suficiente como para que lo lean androides artificialmente inteligentes; de modo que por ahora supongo que eres humano si puedes leer. Y si eres humano, estás diseñado para representar a Dios; más específicamente, para representar la unión de Dios y la humanidad en el hombre llamado Jesús.

Esto significa que si las antiguas Escrituras tienen razón (y estoy apostando mi vida y la siguiente que la tienen), seres espirituales invisibles allá afuera se encuentran molestos por lo que se te está recordando respecto a ellos. Digo "se te está" en la última frase porque no me refiero al uso genérico coloquial de "alguien" o de la "humanidad" en general, sino de *ti* personal y específicamente.

Puede que no seas cristiano ni incluso particularmente religioso, pero si eres humano, algunos gobernantes cósmicos ven en ti la amenaza de un antiguo oráculo: de que un día alguien como tú, un humano nacido de una mujer, les aplastará la cabeza (Gn. 3:15). Es posible que nunca hayas pensado que eres similar a Jesús. Pero eres más como Él de lo que sabes, o quizás incluso de lo que quieres ser.

La historia cósmica de horror interrumpe tu historia personal, y es peligroso que no puedas ver dónde ocurre esto. Pero entre el Edén y tú está el desierto de Judea. Allí es donde Jesús enfrentó cada prueba y cada artimaña que alguna vez experimentarás... y ganó. Por eso es que a pesar de que "somos contados como ovejas de matadero" (Ro. 8:36), también "somos más que vencedores por medio de aquel que nos amó" (Ro. 8:37).

Pero debes enfrentar la realidad para conquistar. No confundas el silencio de tu conciencia con estar libre de tentación. Las Escrituras enseñan que la tentación es "humana" (1 Co. 10:13). El problema no es si eres tentado, sino si estás consciente de ello y contraatacando. Estás a punto de arruinar tu vida. Todos lo estamos.

Las fuerzas están en marcha ahora mismo, negociando la manera de engordarte lo suficiente para el consumo y llevarte tranquilamente y sin resistencia hacia el piso del matadero cósmico. La vida más fácil para ti será aquella en que no cuestiones estos asuntos, una vida en la cual simplemente haces lo que parece natural. La facilidad de todo parecerá ser una confirmación más de que así es como deberían ser las cosas. Podría hasta parecer como si todo estuviera sucediendo exactamente como siempre esperaste que sucediera. Quizás te parezca que la situación de tu vida es como subir por una escalera, tan perfecta como si hubiera sido diseñada justo para ti. Y así es.

En muchos sentidos, mientras más tranquilo te sientas, más en peligro estás. Cuando te encuentres girando por los suaves recodos de tu vida, tal vez deberías cuestionar la quietud de todo eso. Quizás deberías escuchar, debajo de tus pies, el suave ruido de pezuñas.

3

MORIR DE HAMBRE

*Por qué preferimos alimentar nuestros apetitos
en vez de recibir la provisión de nuestro Padre*

No hay nada tan sombrío como la calle de una ciudad la mañana después del Mardi Gras [el Martes de Carnaval]. El vapor de la humedad matutina se levanta silenciosamente sobre el asfalto, lleno de monedas olvidadas, botellas rotas, colillas de cigarrillos, condones usados, sangre coagulada y vómito pisoteado. Esta escena se veía donde me crie en mi ciudad costera de Mississippi, una parábola para los evangélicos más comprometidos acerca de lo que estaba mal con un cristianismo culturalmente acomodado. Yo no estaba tan seguro.

Biloxi, mi peculiar franja de hogar, era un puesto avanzado de la mayoría católica situado justo en el fondo del cinturón bíblico de la antigua Confederación. Éramos más de New Orleans que de Tupelo, y yo vivía en ambos mundos. La mitad de mi familia era bautista del sur y la otra mitad católico romana. Pude ver los mejores lados de cada una y los lados lóbregos de ambas. Vi eventos nocturnos de recaudación de fondos en casinos católicos y reuniones bautistas de negocios, y nada de eso se parecía mucho al libro de Hechos. Cuando de la división eclesial entre católicos y evangélicos se trataba, yo estaba seguro de que debió haber grandes diferencias que resultaron en algo tan histórico como la Reforma Protestante, pero día a día, tanto a mí como a mis amigos, tales diferencias nos parecían poco más que una mancha negra en sus frentes una vez al año en que sus padres bebían cerveza al aire libre. Sin embargo, para los adultos, al menos para los de fuera de mi familia mixta, estas diferencias parecían importar mucho. Gran parte de eso se resumía en el carnaval.

Me encantaba (y me encanta) Mardi Gras. Supongo que eso se debe a que lo único que veía eran las tradiciones y los rituales (panes de reyes, desfiles y caramelos) en lugar de la experiencia completa en Bourbon Street. Por supuesto, las borracheras y la inmoralidad eran indefendibles, pero en su nivel más inocente, Mardi Gras repite algo de la provisión divina para el profeta Elías quien, al igual que Jesús, se fue al desierto a ayunar durante cuarenta días. Antes de ir, los ángeles le proveyeron "un poco de pan horneado sobre piedras calientes" (1 R. 19:6, NTV). Después de su festín, el profeta "caminó cuarenta días y cuarenta noches" (v. 8).

Pero algunos de los bautistas más viejos en mi iglesia odiaban por completo la idea del Martes de Carnaval. Sabían que el carnaval era el día anterior al inicio de la Cuaresma, los cuarenta días de ayuno arraigado en parte en el tiempo sin comida de las tentaciones de Jesús en el desierto, y veían esta fiesta como algo blasfemo. Recuerdo a un neo puritano pesimista lamentándose: "Esos católicos salen y se emborrachan todo lo que quieren y comen hasta vomitar. Simplemente sacan todo de su sistema antes de tener que ponerse lúgubres y santos para la Cuaresma". Esto no me convirtió en anticatólico porque nunca vi a alguno de mis parientes o amigos católicos devotos comportándose de ese modo. Pero para mí tenía sentido que hartarse y emborracharse el día anterior al miércoles de ceniza probablemente no era lo que el Señor quiso decir cuando advirtió: "Arrepentíos, porque el reino de los cielos se ha acercado" (Mt. 3:2).

No obstante, con el paso de los años, me estoy dando cuenta de que los bautistas también teníamos un Mardi Gras. Aunque el carnaval del protestantismo no celebraba solo un día en el calendario anual, sino, lo que es mucho más importante, en el calendario de toda una vida. El ciclo típico era algo así: Naces, luego creces en la escuela dominical hasta que tienes edad suficiente para levantar la mano cuando el maestro pregunta quién cree en Jesús y quiere ir al cielo. En ese momento te bautizas, por lo general mucho antes de la primera espinilla de la pubertad, y poco después tienes tu primera comida de espagueti como recaudación de fondos con el fin de ir al campamento de verano para jóvenes. Luego, en algún momento entre los quince y los veinte años, te desenfrenas por completo.

Nuestra visión de la clase de escuela dominical llamada "universidad y carrera" era de algún modo nuestra visión del purgatorio. Podía estar allí, técnicamente, pero no había nada de eso. Después de unos cuantos años de carnalidad te asentabas, empezabas a tener hijos y volvías a la iglesia, justo a tiempo para llevar a esos chicos a la escuela dominical y comenzar otra vez el ciclo. Si no te divorciabas ni te acusaban, serías presidente de diáconos o jefe auxiliar de mujeres misioneras para cuando tus hijos estuvieran volviéndose completamente indóciles. Esto era solo algo parecido a lo que se esperaba. Debías sacar cosas de tu sistema antes de establecerte. ¿Sabes qué?, tampoco pude nunca encontrar eso en el libro de Hechos.

En realidad no pasé por la etapa desenfrenada. Pero años más tarde, después de haber tenido una vida externamente bastante excepcional, me encontré envidiando a un líder cristiano que daba su "testimonio". Este hombre describió con tantos detalles su vida de drogas alucinantes, sexo frenético y fiestas interminables que antes de darme cuenta estaba pensando con nostalgia: *¿No sería eso lo mejor de ambos mundos? Todo eso, y también el cielo.* Yo había aceptado en mi mente el lado tenebroso de Mardi Gras. Por mucho que pensé que era superior tanto a los fiesteros borrachos en las calles como a los cascarrabias adultos que los condenaban, había asimilado el hedonismo oculto de todo eso. Me hallaba bajo el señorío de Cristo, pero, aunque solo fuera por ese momento, anhelé el señorío de mi propio apetito caído.

La primera tentación de Cristo tiene que ver con todo esto. La Biblia nos cuenta que cuando Jesús salió de su bautismo y fue al desierto, el diablo, la antigua serpiente del Edén, le siguió la pista. Y tal como en el Edén, Satanás le ofreció comida a Jesús y le dijo: "Si eres Hijo de Dios, di que estas piedras se conviertan en pan" (Mt. 4:3). Lo que Satanás quería que Jesús hiciera fue que proveyera para sí mismo, que se alimentara Él mismo, o más bien, que usara el poder del Espíritu para nutrirse. Fue la atracción al consumo, al autoabastecimiento.

Cuando se le ofreció la oportunidad de satisfacer el hambre, Jesús le repitió al diablo un antiguo pasaje de las Escrituras: "No sólo de pan vivirá el hombre, sino de toda palabra que sale de la boca de Dios"

(Mt. 4:4). A menudo los cristianos ven esto solo como un recordatorio de que, al igual que Jesús, debemos tener memorizados versículos bíblicos, listos a utilizar en un momento de tentación. Sin duda hay algo de verdad en eso. Es probable que Jesús aprendiera este versículo de su padre carpintero o de los ancianos tribales de la sinagoga junto con otros niños judíos nazarenos allí. El versículo estaba atado en su corazón, tal como Moisés había ordenado. Pero había más que eso. La respuesta de Jesús mostró que reconocía lo que estaba ocurriendo a su alrededor, que estaba repitiendo otra historia. Estaba diciéndole a ese poder siniestro que tenía delante: "Sé quién eres y lo que estás haciendo. Y sé quién soy y lo que estoy haciendo".

No es casualidad que nuestro antiguo enemigo aparezca por primera vez en las sagradas Escrituras como una serpiente, imagen que sigue al diablo todo el camino a lo largo del canon bíblico hasta la visión final del Apocalipsis de Juan. El filósofo Leon Kass lo dice así: "Para la serpiente es un tracto digestivo móvil que se traga toda su presa; en este sentido la serpiente representa el apetito puro".[1] En realidad, así es, y todas las Escrituras y la tradición cristiana advierten a la Iglesia contra el camino de los apetitos, el camino de consumir hasta la muerte.

Se nos ordena alejarnos de la senda de Esaú, quien vende su herencia por un plato de guiso rojo (He. 12:16-17). Se nos manda alejarnos del dios del vientre (Fil. 3:19). Desde el árbol en el huerto hasta el desierto más allá del Jordán y el momento actual, el pueblo de Dios está tentado a apartar sus tractos digestivos o reproductivos del misterio de Cristo y llevarlos hacia el yo como Dios. Aquí el Espíritu de Cristo y el Espíritu de la era luchan ahora mismo por tu corazón, tu alma y tu estómago. Y lo que tendremos que decidir es si preferiremos alimentar nuestros apetitos o recibir la provisión de Dios.

UNA CUESTIÓN DE APETITO

Cuando Jesús entró al desierto que estaba repleto de demonios, lo primero que las Escrituras nos dicen es que tuvo hambre. Por una

1. Leon R. Kass, *The Beginning of Wisdom: Reading Genesis* (Nueva York: Free Press, 2003), p. 81.

parte, la mayoría de quienes leen esto no tienen idea de qué estoy escribiendo, y yo tampoco. Muy pocos de nosotros hemos estado realmente hambrientos alguna vez, al menos no la clase de hambre provocada por un ayuno de cuarenta días. Por otra parte, la mayoría de nosotros podemos imaginar algo de la sensación porque todos hemos estado hambrientos.

¿Has estado alguna vez trabajando tanto en algo que al final del día te das cuenta de que simplemente te olvidaste de comer? ¿Notaste que te habías vuelto un poco exaltado, que te dolía la cabeza, que estabas irritable o débil? Sin embargo, rara vez pasamos mucho tiempo sin reconocer la necesidad de comida. El apetito fue creado para inducirnos a la nutrición.

Dios no diseñó a los seres humanos para que comieran solo con base en la razón. Los apetitos están allí para llevarnos a lo que necesitamos, ya sea comida, sueño, sexo o algo más. Dios pudo haber juntado un universo donde regularmente te encontrarías diciendo cosas como estas: "Mis reservas de grasa están ahora alarmantemente bajas, por lo que debo comer alimentos para el sustento" o "Basado en mis cálculos, mis niveles de hidratación están por debajo del mínimo aceptable, así que voy a beber" o "Nuestro matrimonio debe unificarse por medio de relaciones sexuales, y los hijos son una bendición, así que copulemos". Desde luego que podemos ordenar estas cosas de manera racional, como lo sabe cualquier persona que haya estado en un programa de pérdida de peso, un régimen de diabetes, o tratamientos de fertilidad. No obstante, por lo general se nos alerta de una necesidad debido a una señal corporal, un apetito.

Los apetitos son parte de los deseos que analizamos en el último capítulo, pero son más específicamente de naturaleza corporal, señalando y empujando hacia una necesitad que la criatura tiene. Por lo general, los apetitos nos mueven hacia el sustento de alguna necesidad animal: comida, sueño, sexo, etc. En ocasiones creamos apetitos artificiales a través del uso habitual de algo que puede llegar a ser tan fuerte o más que los apetitos naturales. Quienes han intentado dejar de fumar cigarrillos saben algo de esto, igual que quienes han dejado de usar alguna droga adictiva. Incluso en el sentido más mundano, podemos crear un apetito por algo como la cafeína o como la emoción de un corredor que luego se convierte en parte de las expectativas continuas del cuerpo, a menos que entrene de otra manera. Los apetitos son fuertes, y lo son por diseño. El hambre de Jesús fue el escenario para el primer golpe de parte del demonio. Quedarse sin comer durante cuarenta días es una posibilidad peligrosa en cualquier circunstancia, mucho más en un desierto árido y desolado. Un hombre débil y deshidratado podría desmayarse fácilmente sobre las rocas y convertirse en presa fácil para los animales salvajes que merodean por ahí. El hambre de Jesús aquí no era simplemente cuestión de molestia; Él estaba en un verdadero peligro físico. En este momento de debilidad, Satanás apeló al apetito del Señor no simplemente sugiriendo lo práctico ("haz algo comestible para satisfacer tu hambre") sino invocando lo visual ("convierte estas piedras en panes"). Satanás apeló a los apetitos de Jesús por medio de la imaginación.

El pan es importante aquí. No en vano, Satanás pudo haberse referido prácticamente a cualquier cosa que pudiera haber proporcionado nutrientes básicos. Por ejemplo, la carne de rata en puré se habría digerido muy bien. Pero cuando el espíritu inmundo mencionó "panes", señaló algo conocido, recurriendo a lo que los psicólogos llaman un detonador para los apetitos.

Jesús nació y se crio literalmente para comer pan. Vio por primera vez la luz del día en Belén, es decir, "Casa del pan". Y el pan era un alimento básico para cualquier persona del Oriente Medio de la época. Es probable que Jesús recordara cómo es volver de un agotador día en el lugar de trabajo con su padre y oler pan horneándose en un fuego fuera de la casa paterna. Mientras Satanás hablaba, Jesús pudo incluso haber imaginado allí delante de Él la sensación de estar rompiendo la corteza de aquel alimento caliente con levadura por dentro. Eso es humano en el sentido más básico de la palabra.

Además, el "pan" contrastaba con "estas piedras". Si fueras del Oriente Medio o de África, tal vez tuvieras mejor sentido por lo que aquí se trata que quienes tenemos trasfondo americano, europeo o asiático. Algunos tendemos a pensar del "desierto" aquí como un bosque o un monte arbolado. Incluso cuando entendemos que Jesús recorría un desierto, tendemos a imaginar este como un enorme tramo de arena, como una playa sin océano. Pero este lugar, el desierto de Judea, era un campo escarpado de piedra. Es probable que hubiera rocas hasta donde Jesús podía ver. Satanás le ofreció una forma de escapar de este exilio rocoso.

"Si eres Hijo de Dios, di que estas piedras se conviertan en pan" (Mt. 4:3). Estas tentaciones fueron reales, no una payasada. No fue el equivalente a que asegures: "Estoy tentado realmente a levitar desde donde estoy sentado ahora y disparar rayos láser de mis manos". Por medio del Espíritu obrador de milagros sobre Él, Jesús realmente podía convertir piedras en pan. Y en realidad deseaba el pan. Esta hambre no comenzó cuarenta días antes. Tales retortijones estaban ocultos en la naturaleza humana incluso desde que algo malvado acechó a una mujer allá en nuestro pasado colectivo. Jesús entró en el hambre de Eva, de Israel y de nosotros.

Como hijo de Eva, Jesús se unió en la tentación de la primera mujer. Al fin de cuentas, Eva fue tentada por medio del apetito y también a través de llamados visuales, imaginativos y digestivos. El fruto de ese árbol del conocimiento del bien y el mal era bueno para comer, agradable a los ojos, y podía otorgarle sabiduría. Y ella, igual que Jesús, tenía el poder para agarrarlo. Lo único que debía hacer era alargar la mano y llevárselo a la boca.

El asunto era de paternidad. Eso era lo que estaba en la raíz de la tentación satánica, por lo que precedió su ofrecimiento con la cláusula de cuestionamiento: "Si eres Hijo de Dios". Para ver esto debes remontarte parcialmente al antiguo mundo agrario de la Biblia, tiempo en que no había abogados de manutención de niños ni oficinas estatales de asistencia social. Un hombre que no alimentaba a su familia era una desgracia para su tribu. Esto está en la raíz de la enseñanza de Jesús de que ni siquiera un mal padre le daría a un hijo una serpiente cuando le pidiera pescado, o una piedra si le pedía pan.

Afirmo que debes volver *parcialmente* al contexto para ver esto, pero no necesitas hacerlo del todo porque de manera intuitiva también lo sabes. Piensa en el padre más cruel y negligente que conozcas. ¿Te imaginas a ese individuo arrojando piedras a la boca de su hijo pequeño cuando el bebé suplica algo de comer? Supongo que es probable que no lo haga. Parece que sabemos, desde un punto de vista religioso, psicológico o incluso darwinista, que tal escenario no es normal. La paternidad no solo tiene que ver con parentesco biológico; también es provisión, entre otros aspectos.

Aquellos que se criaron con la Torá, la ley escrita de Dios, entendían en un sentido velado lo que pronto se revelaría en el evangelio cristiano, que la paternidad humana se basa en el patriarcado divino (Ef. 3:14-15). Por esto es que Jesús nos enseñó a orar "Padre nuestro" junto con Él (Mt. 6:9), porque en Cristo participamos místicamente en la dinámica Padre/Hijo que está en el núcleo del universo (Jn. 17:24). Los padres humanos deben proporcionar pan a sus familias porque eso es precisamente lo que un Dios Padre hace por sus propios hijos e hijas.

Aquí es donde cayó Eva, y Adán justo detrás de ella. De vuelta al huerto, Satanás sugirió que, de alguna manera, Dios estaba reteniéndoles algo bueno a los humanos, algo que en realidad los haría como Él. Eva comenzó a ver a Dios no como Padre sino como rival, y allí es cuando se dispuso a agarrar lo que se le estaba reteniendo. Satanás dijo que, más que la palabra de Dios, los apetitos de Eva eran una guía más confiable para lo que ella necesitaba.

Satanás también había visto el cadáver hinchado de otro "hijo de Dios" allá afuera en el desierto siglos antes que Jesús viniera. Los israelitas también habían comido hasta morir. En la salida de Egipto, "bautizados" por el mar Rojo (1 Co. 10:2), los israelitas fueron igualmente probados para ver si reconocían a Dios como un Padre proveedor. Dios proveyó a su pueblo con maná, cierta especie de pan que aparecería de repente sobre la tierra. Los colmó de codornices y de repente les envió agua que brotó de una roca al mandato hablado del profeta de Dios. Pero pronto el pueblo se rebeló contra la voz de su Dios. Tuvieron "un vivo deseo" (Nm. 11:4).

Dios creó este deseo en primer lugar. No en vano, fue Él quien había hablado a los israelitas de la tierra prometida en términos tan imaginativos y sensoriales como de una tierra donde abundan la leche y la miel. Fue Él quien les habló de las posibilidades agrícolas que les esperaba, la copiosa cosecha venidera, y el pan que comerían sin hartarse.

Pero ellos no le creyeron del todo. Cuando apareció el maná por primera vez, Israel preguntó despectivamente: "¿Qué es esto?" (Éx. 16:15). Cuando Dios les entregó el pan sobrenatural, "algo blanco y pequeño, parecido a migajas" (v. 14, TLA), algunos de ellos intentaron acapararlo, por si Dios no les proveía un suministro fresco al día siguiente. Sin embargo, descubrieron que en su excedente acumulado se retorcían gusanos (Éx. 16:14, 19-20).

Los israelitas entendían la relación entre paternidad y pan, una relación que concebirían de modo reiterado a lo largo de los años. Durante el exilio y la destrucción de su tierra natal, el profeta Jeremías lloraría porque la falta de pan era evidencia de que los israelitas se habían quedado "huérfanos... sin padre" (Lm. 5:3). Ezequiel usó un lenguaje parecido (Ez. 4:17).

En su recorrido por el desierto, Israel llegó a la conclusión de que Dios no era un Padre. Comenzaron a teorizar que Él los había llevado al desierto para condenarlos y no para salvarlos. La prueba reveló que el mensaje divino era un esclavo de sus estómagos y no al revés, ya que se dedicaron a añorar la esclavitud. Refunfuñaron: "Ojalá hubiéramos muerto por mano de Jehová en la tierra de Egipto, cuando nos sentábamos a las ollas de carne, cuando comíamos pan hasta saciarnos; pues nos habéis sacado a este desierto para matar de hambre a toda esta multitud" (Éx. 16:3). ¿Ves lo que sucedió? Realmente envidiaron los cadáveres de los egipcios flotando que habían visto en el mar. Al menos esos cadáveres martirizados tenían los estómagos llenos.

La prueba reveló que querían un faraón más que un Padre. No recordaban la tiranía, la esclavitud o el peligro de muerte en la tierra en que residieron. Por el contrario, recordaban lo que se volvió más importante para ellos: las exigencias de sus apetitos. "Nos acordamos del pescado que comíamos en Egipto de balde, de los pepinos, los melones, los puerros, las cebollas y los ajos" (Nm. 11:5). En una bofetada de ingratitud, dijeron de su Dios: "Ahora nuestra alma se seca; pues nada sino este maná ven nuestros ojos" (Nm. 11:6). Llegaron a la conclusión de que "mejor nos iba en Egipto" (Nm. 11:18). Prefirieron ser esclavos que hijos.

No fue solo que anhelaron ser egipcios; en realidad en sus corazones se habían convertido en egipcios. La religión egipcia que dejaron atrás y las religiones cananeas que tenían por delante —con sus panteones de fertilidad y sus deidades del sol y la lluvia que existían para cultivar, criar ganado y alimentar vientres— representaban lo divino centrado en satisfacer apetitos humanos. Jesús identificaría la misma tendencia en su ministerio cuando, junto al lago de Galilea, también dio pan sobrenatural a las multitudes y luego pronunció que lo buscaban "porque comisteis el pan y os saciasteis" (Jn. 6:26). Jesús era para esas multitudes un sistema de entrega de alimentos, no un Mesías. Dios se había convertido para Israel en otro faraón para ser desechado cuando no les proveyera de los bienes.

David, el antepasado de Jesús, también tuvo hambre en el desierto, y entonces había cantado: "Mi alma tiene sed de ti, mi carne te anhela, en tierra seca y árida donde no hay aguas" (Sal. 63:1). Sin embargo, incluso con su hambre, David también cantó: "Mi alma quedará del todo satisfecha, como si comiera los mejores platillos" (v. 5, RVC). Dios alimentó a David exactamente con lo que necesitaba precisamente cuando lo necesitaba, y mientras tanto el Espíritu provocó que David viera que al final del hambre habría una "mesa" (Sal. 23:5).

Ese es el punto de la insinuación satánica a Jesús. Al mostrarle las piedras, Satanás pareció sugerir: "Necesitas pan, pero lo único que tu Padre dice es: 'Que coma piedras'". Si Jesús hubiera usado el Espíritu sobre Él para convertir el pan en piedras, habría estado rechazando la promesa de su Padre, volviéndose en lugar de eso hacia su estómago por orden de Satanás. Habría sido igual que nosotros: esclavizados a la serpiente a través de los deseos del cuerpo y la mente. Dios no lo quiera.

Jesús le dijo al diablo que el hombre no vive solo de pan. Observa que no negó que el ser humano vive de pan. Jesús tomaba en serio los apetitos, y también lo hacía el diablo. La saliva espumosa en la boca de Jesús ante la mención del pan había chorreado por los rostros de sus antepasados delante de Él. Y un demonio que observaba sabía esto. Aún lo sabe.

El lamento de Israel: "Regresemos a Egipto, donde al menos tenemos que comer", a primera vista tiene sentido. Si lo piensas, se trata del mismo sentimiento expresado por Esaú delante de ellos: "¿De qué me sirve mi primogenitura si estoy a punto de morir?". Se trata del sentimiento captado por el profeta Isaías y el apóstol Pablo en el dicho: "Comamos y bebamos, porque mañana moriremos" (Is. 22:13; 1 Co. 15:32). Si todo lo que te espera es inconciencia en una tumba llena de gusanos, entonces sí, complacer todo ganglio sensorial, excitar toda glándula y alimentar todo deseo es probablemente la única alternativa que queda.

Pero Jesús sabía que esta no era la forma en que el universo fue creado. Hay una mesa al otro lado del final de la muerte, en realidad una cena de bodas compuesta de un "banquete de manjares suculentos, banquete de vinos refinados, de gruesos tuétanos y de vinos purificados" (Is. 25:6). Jesús sabía que comería pan en "su cumplimiento en el reino de Dios" (Lc. 22:16, RVC). Hasta entonces, el futuro rey estaba dispuesto a festejar o ayunar, lo que le pareciera mejor a su Padre.

Además, Jesús sabía que el camino hacia esta bendición futura era a través de escuchar, no de exigir. En ese momento prestó atención a una voz diferente a la del reptil en su oído y, por tanto, se negó a pronunciar las palabras que pudieron haber ablandado la piedra para convertirla en pan. Jesús entendía que el hombre "vive" por cada palabra que procede de la boca de Dios.

El camino de Satanás, el camino de Esaú y el camino del Israel perdido llevan hacia un aumento del apetito, no a una disminución. Conducen a insaciabilidad. El resultado final del abastecimiento personal no es satisfacción sino en su lugar repulsión. Como lo define el novelista Frederick Buechner: "El deseo es el ansia de sal en una persona que está muriéndose de sed".[2]

Jesús sabía que una vez que Esaú digirió el guiso rojo en su estómago, lloró anhelando que ese momento retrocediera, que volviera a tener esa primogenitura. Jesús sabía que los israelitas obtuvieron tanto el pan como las codornices que exigieron, pero que luego vomitaron todo eso. Finalmente, Él vería que su futuro seguidor Judas obtendría el dinero que deseaba, esas treinta monedas de plata, pero que se usarían para comprar el terreno donde Judas yacería retorciéndose enredado en sus propios intestinos. Jesús sabía que al final el pan de demonios produce muerte.

---

2. Frederick Buechner, *Wishful Thinking: A Seeker's ABC*, revisado y ampliado (San Francisco: Harper, 1993), p. 65.

Así como esta tentación libra ahora mismo una guerra en nosotros, el primer paso que debemos dar para romper su poder es reconocer que, para empezar, los apetitos están allí. Eso significa recuperar una sensación de quién eres aparte de lo que quieres. El mundo a tu alrededor a menudo te define en términos de lo que deseas. El mundo de la publicidad te ve como un consumidor, definido por tu poder de compra y de los productos que prefieres. Más allá de eso, otras fuerzas intentarán definirte por tus apetitos. Si quieres beber, eres un borracho. Si quieres tener relaciones sexuales, entonces esa es tu "necesidad" y debes "ser auténtico contigo mismo". Por tanto, adelante. Pero no vives solo de pan. No eres lo que deseas.

A veces en realidad damos poder a Satanás por la manera en que hablamos de la conversión cristiana. Resaltamos el testimonio del exalcohólico que dice: "Desde que conocí a Jesús nunca he querido beber otra copa". Bueno, eso sucede a veces, y debemos dar gracias por el poder de Dios aquí. Pero esta liberación no es más milagrosa ni mucho menos que el testimonio del borracho arrepentido que declara: "Cada vez que oigo un tintineo de hielo en un vaso tiemblo de deseos, pero Dios es fiel en mantenerme sobrio".

La mujer con deseos por personas del mismo sexo podría concluir que está condenada a ser lesbiana porque no se siente atraída por hombres y aún batalla con su atracción por mujeres. Los miembros de la familia que tienen que destruir sus tarjetas de crédito para evitar gastar todo el sueldo en lo que ven publicitado podrían concluir que no son suficientemente "espirituales" para seguir a Cristo porque aún luchan contra sus deseos. Tonterías. No eres lo que deseas. Eres quién eres. Y eso está definido por la Palabra de Dios. Podría ser que el Señor libere tu apetito de cualquier cosa que lo conquiste, pero por lo general te permite combatir contra eso. Esto podría continuar durante cuarenta días, cuarenta años o toda una vida. Está bien. Entonces debe haber espacio en nuestras iglesias para llevar auténticamente unos las cargas de los otros cuando se trata de los apetitos. Pretender que los apetitos se anulan al instante por medio de la conversión es rechazar lo que Dios nos ha dicho: que todavía estamos en la zona de guerra.

Dios despedaza las ilusiones de la tentación mostrándonos por qué los apetitos fueron creados en primer lugar y por qué son tan poderosos. Los apetitos no existen para sí mismos, sino para una realidad espiritual más profunda. Los israelitas de antaño probablemente creyeron que el maná y el agua eran simplemente para sustentarlos a través de su camino por el desierto. Pero eso es cierto en parte. Los más espiritualmente conscientes entre ellos tal vez reconocieron que Dios también estaba enseñándoles algo respecto al carácter divino y la vida en el reino. Y eso es aún más preciso. Sin embargo, en la plenitud de los tiempos, el misterio de Cristo dejó ver lo que había realmente en el centro de la alimentación de Dios para su pueblo.

Las multitudes alrededor de Jesús pidieron ver una señal de parte de él, una que resultara llenándoles los estómagos. En lugar de que Jesús ordenara a las piedras que se convirtieran en pan, las multitudes le ordenaron a Jesús que produjera pan, citando las Escrituras, capítulo y versículo: "Nuestros padres comieron el maná en el desierto, como está escrito: Pan del cielo les dio a comer" (Jn. 6:31). Jesús sorprendió a las multitudes, antes que nada, cuando pareció que estaba denigrando de Moisés. "Moisés no les dio nada", expresó el Señor en esencia, "mas mi Padre os da el verdadero pan del cielo" (Jn. 6:32).

Jesús pareció además despreciar el relato que había dado forma a toda la identidad propia de la nación de Israel: "Vuestros padres comieron el maná en el desierto, y murieron. Este es el pan que desciende del cielo, para que el que de él come, no muera" (Jn. 6:49-50). Entonces Jesús ofendió aún más a la multitud al identificarse como el verdadero maná de Dios, anunciando: "Si alguno comiere de este pan, vivirá para siempre; y el pan que yo daré es mi carne, la cual yo daré por la vida del mundo" (Jn. 6:51).

Dios proveyó pan del cielo y agua de la roca a los israelitas con el propósito de abrirles el apetito por el evangelio. Dejó que tuvieran hambre y se las calmó para que vieran una señal de lo que significa "hambre y sed de justicia" (Mt. 5:6) y para que tuvieran esos anhelos satisfechos mediante el evangelio de Cristo Jesús. En realidad, podríamos remontarnos aún más y preguntarnos por qué Dios dispuso que la humanidad sobreviviera comiendo en primer lugar; los nutrientes del exterior se asimilan dentro del cuerpo para que te conviertas en lo que comes. Dios no diseñó el evangelio después de la comida. Diseñó el comer siguiendo el patrón de Cristo, por quién y a través de quién todas las cosas se crearon (Col. 1:16; Jn. 1:1; He. 1:2). Cuando aprendemos a pedir "el pan de cada día", nos damos cuenta de qué es decir "Padre nuestro" (Mt. 6:9, 11).

Por esto es que, cuando Jesús se encontró con una mujer samaritana en el pozo de Jacob, cambió el tema de la sed física de ella a su más profunda necesidad de lo que llamó "agua viva" (Jn. 4:10). Jesús le aseguró que el agua que Él proporcionaba, a diferencia del agua temporal que ella ansiaba, satisface permanentemente. La mujer preguntó: "¿Acaso eres tú mayor que nuestro padre Jacob?" (Jn. 4:12). De hecho, lo era, y es. Jesús no era Esaú, el rollizo, avaro y peludo individuo de los campos. Tampoco era Jacob, al menos no el viejo Jacob que manipuló con palabras para apoderarse de una herencia. Jesús era un nuevo Jacob, el Israel de Dios. Fue Aquel que lucharía con Dios en el desierto y no lo dejaría ir hasta que lo bendijera. Fue Aquel que se alejaría con una cojera, sí, pero que se alejaría.

No permitas que tus deseos te asusten. Deja más bien que te lleven a orar por sabiduría para ser y hacer aquello para lo que fuiste creado. Observa los desencadenantes en tu vida que te llevan a ansiar lo que deseas, y ten cuidado. Pero mientras tanto, intenta dirigir tus apetitos hacia las maneras en que la Palabra de Dios y el orden del universo nos aseguran que pueden ser satisfechos. Luego intenta aprender a anhelar más la resolución definitiva de esos apetitos en una nueva creación.

Esta es otra razón de por qué la Iglesia no debe descuidar la Palabra de Dios, en toda forma que Él la ha entregado, no solo en proposiciones escritas o habladas. Dios conoce nuestra condición, y sabe que no solo debemos reflexionar en su Palabra, sino masticarla, tragarla y digerirla. La Cena del Señor es la señal de Jesús en pan y vino de su presencia entre nosotros, de su reino naciente. Cada vez que nos reunimos para comer pan y beber vino escuchamos a Jesús anunciando: "Tus apetitos sensoriales son reales, buenos y creados, y señalan más allá de sí mismos hacia algo más allá de todo lo que podrías pedir o incluso imaginar".

La Mesa del Señor no es entonces solamente una ayuda visual para recordarnos, como si fuera una herramienta para refrescar la memoria. Cuando nos reunimos alrededor de la Mesa, nos están entrenando para comer en la "gran mesa" en Jerusalén. Y anunciamos a nosotros mismos, y a los poderes satánicos que nos rodean en el aire, lo que es realmente cierto. "Comamos y bebamos, porque mañana moriremos" es una farsa. La alternativa no es negarnos a comer, beber o alegrarnos. Eso sería ingratitud. Por el contrario, cantamos con el Jesús resucitado: "Comamos y bebamos, porque ayer muertos estábamos".

Las palabras de Jesús a las multitudes de Galilea ya no nos sorprenden. Lo escuchamos decir: "Coman mi carne y beban mi sangre", y las interpretamos en nuestras mesas de comunión frente a la iglesia. Pero las palabras de Jesús habrían hecho que las multitudes queden boquiabiertas y algunos entre ellas contengan el vómito. Aquí se encuentra este sospechoso líder de secta declarando "Para seguirme tienen que masticar mi piel y chuparme la sangre". Eso es extraño y espeluznante en cualquier cultura, pero especialmente en una en que está prohibido incluso tocar un cadáver o comer cualquier clase de carne con sangre, ya que "la vida de la carne en la sangre está" (Lv. 17:11).

Por supuesto, cuando nos alimentamos en la Mesa del Señor, enfocamos nuestros afectos en la cruz. El apóstol Pablo nos enseña: "Todas las veces que comiereis este pan, y bebiereis esta copa, la muerte del Señor anunciáis hasta que él venga" (1 Co. 11:26). Desde luego. La provisión de Dios para nuestros apetitos está completamente ligada con esa ejecución en el Lugar de la Calavera, la cual está atada a aquellas tentaciones en el desierto.

Nuestra salvación dependía de la boca de Jesús. Satanás le ordenó a Jesús que hablara, no a Dios sino a las piedras mismas, que les ordenara convertirse en pan. "De la abundancia del corazón habla la boca" (Mt. 12:34). Los israelitas de antaño habían perdido su herencia al usar sus bocas para hablar unos con otros en lugar de hablarle a Dios, refunfuñando ante la provisión y disciplina del Señor. Moisés había perdido su parte de la herencia al usar su boca para hablarle al pueblo rebelde en vez de hablarle a la Roca, como Dios le había ordenado (Nm. 20:8-13).

Allí en los silencios nocturnos del desierto, Jesús se negó a usar la boca para comer. Se negó a usar la boca para hacer surgir pan prohibido. Pero sí abrió la boca para transmitir recordadas promesas: "Te daré a comer la heredad de Jacob tu padre; porque la boca de Jehová lo ha hablado" (Is. 58:14). Esa heredad puede haber sido robada al principio por el engaño de una boca engañadora. Pero fue ganada por un Hijo verdadero, uno que no necesitó engañar a su Padre para ganar un lugar en su mesa.

Lo que Jesús aprendió ese día en el desierto nos llevará todo el camino hacia nuestra redención final. Jesús fue crucificado por comida. Absorbió "la maldición de la ley" de los que colgaron en un madero (Gá. 3:13). Esa maldición se define en la ley de Moisés en el contexto más amplio de cómo tratar con "un hijo contumaz y rebelde, que no obedeciere a la voz de su padre ni a la voz de su madre, y habiéndole castigado, no les obedeciere" (Dt. 21:18). Esta rebelión se evidencia, entre otras cosas, en que al hijo rebelde se le acusa de "glotón y borracho" delante de los ancianos de la ciudad (Dt. 21:20). En realidad, a Jesús lo acusaron de ser "un glotón y un borracho" (Mt. 11:19; Lc. 7:34, NVI), pero no lo era.

A la postre, Jesús murió sediento. Se negó a beber el vinagre que le ofrecieron sus verdugos, pero aceptó la copa de la ira de Dios, la copa de sopa de sangre, en nuestro lugar. Jesús sabía de qué habló el profeta Isaías: "Los afligidos y menesterosos buscan las aguas, y no las hay; seca está de sed su lengua; yo Jehová los oiré, yo el Dios de Israel no los desampararé" (Is. 41:17). Curiosamente, Dios declaró por medio de Isaías: "Abriré en el desierto estanques de aguas, y manantiales de aguas en la tierra seca" (Is. 41:18). Jesús aprendió a confiar en esto, por nosotros, en el desierto.

El Señor estuvo dispuesto a morir de hambre en lugar de comer en la mesa de demonios, convencido todo el tiempo de que su Dios podía aderezar una mesa para Él en medio de sus enemigos (Sal. 23:5). En otras palabras, Jesús escuchó la voz de su Padre y creyó las palabras: "Tú eres mi Hijo amado; en ti tengo complacencia" (Lc. 3:22). Tales palabras invisibles fueron más fuertes para Él que el gruñido de un estómago.

UNA CUESTIÓN DE DISCIPLINA

Jesús afirmó que no solo de pan vive el hombre, sino de toda palabra que sale de la boca de Dios, pues sabía exactamente en qué tipo de historia había entrado, razón por la cual citó del capítulo octavo de Deuteronomio. En el texto al que Jesús se refirió aquí, Moisés estaba explicando al pueblo de Israel el significado de su peregrinación por el desierto en los últimos cuarenta años. Por eso les dijo: "Te acordarás de todo el camino por donde te ha traído Jehová tu Dios estos cuarenta años en el desierto, para afligirte, para probarte, para saber lo que había en tu corazón, si habías de guardar o no sus mandamientos" (Dt. 8:2).

Pero reprendiendo al diablo, Jesús mostró no solo que no estaba dispuesto a cuestionar la provisión de su Padre, sino también que no estaba dispuesto a reñir con la disciplina de su Padre. Este fue el punto crucial de la rebelión de sus antepasados. "Tentaron a Dios en su corazón, pidiendo comida a su gusto" (Sal. 78:18). Jesús estaba consciente de que fue llevado allí para ser probado, no para que probara a su Padre.

En el texto de Deuteronomio, Dios mostró a su pueblo que el tiempo que pasaron en el desierto no fue accidental ni punitivo. Él estaba conformándolos para su tiempo en la tierra de la promesa. Moisés declaró: "Te afligió, y te hizo tener hambre, y te sustentó con maná, comida que no conocías tú, ni tus padres la habían conocido, para hacerte saber que no sólo de pan vivirá el hombre" (Dt. 8:3).

Observa que la disciplina de Israel vino en tres puntos: falta de comida ("te hizo tener hambre"), en la extraordinaria provisión de Dios ("te sustentó con maná"), pero también en su provisión común. En el texto de Deuteronomio, Dios dijo a los israelitas: "Tu vestido nunca se envejeció sobre ti, ni el pie se te ha hinchado en estos cuarenta años" (Dt. 8:4). Sabes, es probable que ellos ni siquiera notaran eso. Tal vez nadie mencionó eso cuando iban de tienda en tienda chismeando sobre lo horrible que era ser los guerreros del desierto, solitos. Más atrás está claro que, mientras se encontraba delante de la serpiente, Eva no estuvo consciente de cómo Dios le había entregado todo árbol del huerto, todo árbol menos uno.

Eso no es tan raro, al menos no en este universo caído. ¿Con qué frecuencia notamos las cosas malas que no nos han ocurrido? Si sobrevivimos a un ataque cardíaco, podríamos tener una sensación de gratitud por haber sido salvados. Incluso podríamos sentirnos así cuando un amigo de nuestra edad sufre un ataque cardíaco o al pensar en el hecho de haber sobrevivido a un familiar que murió de un infarto. Pero por lo demás, ¿cuántos nos sentimos agradecidos por los infartos que no sufrimos, los autos que no chocamos, los malos trabajos que no tuvimos?

Lo cierto es que tendemos a acostumbrarnos a nuestras bendiciones. Al caer la noche en cierta ocasión, mi esposa, mis hijos y yo caminábamos por nuestro vecindario. Los niños se habían adelantado, persiguiendo algunas luciérnagas por la calle. Me detuve allí en la acera y miré a mi alrededor. Hace años había orado por una esposa a quién amar y que me amara, y aquí estaba ella. Años más tarde, después de atravesar infertilidad y abortos espontáneos, habíamos orado juntos por un hijo, y aquí estaban, cuatro de ellos, persiguiendo luciérnagas. No es que yo no estuviera realmente agradecido, sino que esto se había vuelto la "nueva normalidad".

Cuando caminaba por la calle con lágrimas rodando por mi rostro y orando por un final para los abortos involuntarios, la bendición que yo deseaba me parecía muy real. Ahora cuando mis hijos se escurren alrededor de mis pies, no dejo de considerar lo asombroso y extraordinario que es tenerlos aquí. La palabra "papá" se ha vuelto mucho más común de lo que era cuando permanecía despierto toda la noche suplicándole a Dios que me permitiera escucharla, solo una vez, dirigida a mí.

Eso es lo que filósofos y psicólogos llaman a veces "adaptación hedónica".[3] Nos acostumbramos a cualquier nivel de felicidad que hemos logrado, y entonces ansiamos lo que viene a continuación. Por lo general no estás realmente satisfecho cuando empiezas a ganar la cantidad de dinero que deseas recibir, o cuando empiezas a vivir en la casa que siempre has querido, o cuando tienes la familia por la que has orado… simplemente esperas que las cosas sean de esa manera.

Y tus aspiraciones miran hacia lo que todavía no tienes. Por esto es que muy a menudo nos fijamos en la crisis de la mediana edad, y no solo entre los hombres. Una persona mira alrededor en algún momento de la vida y pregunta: "¿Qué estoy perdiéndome?". Desde afuera puedes ver lo que esta persona no ve: "¿Qué demonios más puedes querer?". Pero ese es precisamente el punto. Esta persona no lo sabe; simplemente quiere, eso es todo.

3. William B. Irvine, *A Guide to the Good Life: The Ancient Art of Stoic Joy* (Nueva York: Oxford University Press, 2009), pp. 65-84.

Jesús reconoció en su tentación lo que Eva, Israel y nosotros no hemos reconocido: que los ciclos de abundancia y humillación son parte del propósito estratégico de Dios, pero no debido a que Él haga caso omiso de la necesidad humana. Israel creía que su escasez de comida era evidencia de que el faraón, no Dios, era su verdadero padre. Cuando vinieron el maná y las codornices, se cansaron de la regularidad de todo y se quejaron por algo más. Sin embargo, Jesús vio a través de todo esto. Reconoció que la disciplina de Dios no es odio sino amor. ¿Por qué los israelitas fueron "humillados" con comida y penurias? Se debió a que Dios estaba enseñándoles a no ser egipcios ni cananeos, esclavos de otros dioses, cuando entraran a su tierra. Si caían por la ilusión de la auto provisión, terminarían con estómagos satisfechos y corazones enorgullecidos (Dt. 8:14). Entonces concluirían: "Mi poder y la fuerza de mi mano me han traído esta riqueza" (Dt. 8:17). El ciclo continuaría entonces cuando fueran "en pos de dioses ajenos" (Dt. 8:19), tratando de aprovechar el poder de estos para amontonar más y más cosas que sus apetitos ansiaban. Pero el reino de Dios no contendrá nada demoníaco; por lo cual el resultado final sería la muerte, ser arrojados al fuego junto con sus ídolos (Dt. 8:20). Además, Jesús entendía que era un rey en entrenamiento. Sabía que una calificación para la realeza es controlar los apetitos (Dt. 17:17), una prueba en que lo anteriores reyes israelitas habían fracasado en un momento o en otro.

Jesús sabía que el tiempo de hambre no tenía que ver con castigo, sino que venía de Dios para "humillar", para "probar" y "para a la postre hacerte bien" (Dt. 8:16). Después de todo, en la paternidad la disciplina en sí es parte de la provisión. Así como en el mundo bíblico no contaban con abogados de manutención infantil, tampoco tenían consejeros vocacionales o pasantías empresariales. Un padre no simplemente proporcionaba a su hijo alimento en la vida temprana del niño en el hogar. No era una situación anómala que Jesús encontrara primero a sus discípulos Santiago y Juan pescando con su padre, Zebedeo. Era así como funcionaba el mundo. Al igual que Adán, un hijo aprendía de su padre cómo producir pan de la tierra. El padre enseñaba a sus hijos a continuar la ocupación familiar a fin de que pudieran proveer para sus propios hijos.

Jesús indicó que esto también es parte del orden cósmico: "No puede el Hijo hacer nada por sí mismo, sino lo que ve hacer al Padre" (Jn. 5:19). Jesús entendía que la disciplina no es rechazo de Dios, sino su abrazo: "Reconoce asimismo en tu corazón, que como castiga el hombre a su hijo, así Jehová tu Dios te castiga" (Dt. 8:5). Si Jesús hubiera ordenado a las piedras que se convirtieran en pan, habría falsificado el mensaje anterior de Dios: "Este es mi hijo amado". Esto no solo habría sido una especie de prueba de paternidad, buscando la verificación del mensaje de Dios, sino que habría pasado igual que con Eva e Israel, una afirmación de que Jesús sabía mejor qué necesitaba y cuándo obtenerlo. Él le habría ordenado a su Padre que hiciera lo que un padre debía hacer. Habría disciplinado a su Padre. Dios no lo quiera.

Perder el control de tus apetitos es perder de vista el evangelio mismo, la verdad de que Dios sabe lo que necesitas para sobrevivir: el cuerpo destrozado y la sangre derramada de Jesús. Dios permite que su pueblo "pase hambre" para poder alimentarlo con aquello que es mejor de lo que elegirían. Los israelitas querían cebollas y puerros egipcios; Dios estaba entrenándoles el apetito para el pan del cielo.

Para la mayoría de cristianos occidentales la glotonería se considera una broma en lugar de un pecado grave. Nos reímos de nuestras "adicciones" al azúcar, la grasa o la cafeína. Es verdad que nos preocupa la relación entre la comida y nuestros cuerpos (a veces nos preocupa en exceso) pero, en general, por razones de salud (prevenir diabetes, presión arterial alta u otros padecimientos) o por razones económicas (no querer pagar los costos de la atención médica por quienes consumen en exceso carne roja, azúcar, alcohol o tabaco) o por razones sociales, políticas o de justicia ambiental. Ahora bien, todos estos factores son aspectos morales importantes en cuanto a comer. Pero también están los costos personales y espirituales de la glotonería, lo cual es difícil de ver para nosotros.

La glotonería no se compara simplemente con obesidad. A fin de cuentas, alguien con un metabolismo rápido podría consumir una torta entera de nueces y aun así verse escuálido, mientras que otro debido a factores genéticos podría comer con rígida escrupulosidad y seguir siendo, como lo dirían las personas donde me crie, "de constitución fuerte". La cuestión no necesariamente es la talla de la persona, sino el gobierno de los apetitos.

Creo que a veces la glotonería incluye lo que a menudo consideramos hoy día como desórdenes de alimentación. Algunos glotones caen en la obsesión de "ganar control" en alguna área de la vida rechazando comida (lo cual Dios afirma que es necesario y bueno) o complaciéndose para luego vomitar el contenido en una especie de onanismo nutricional. Esto no quiere decir que los desórdenes de alimentación se resuelvan fácilmente con una severa advertencia espiritual de detenerse. Con frecuencia hay en juego profundos y complejos factores psicológicos. Sin embargo, a menudo los desórdenes de alimentación que vemos, incluso en nuestras iglesias, son evidencia de un apetito (en ocasiones el apetito para ajustarse a expectativas sociales de talla corporal) que consigue autoridad sobre una vida.

La disciplina del cuerpo sobre la comida, que Dios diseñó por medio de ciclos tanto de ayuno como de festejo, es necesaria para reconocer la bondad y soberanía paternas de Dios. Eso es lo que hace bien Mardi Gras en relación a la Cuaresma. El apetito de ninguna persona es soberano; lo equilibran las consideraciones más amplias de adoración, vida, cultura, familia y sociedad. Una vida que es toda velocidad o toda fiesta es desordenada hasta la médula.

La comida se relaciona en casi toda cultura humana con el sexo. La cultura estadounidense ha exportado a todo el mundo restaurantes en los cuales mujeres con blusas y faldas muy ajustadas venden pechugas procesadas de pollo mientras ofrecen a los hombres la oportunidad de mirarles los senos. Ambos apetitos deben ser aguzados, y al menos uno de estos es satisfecho. Esta conexión es distorsionada, pero no es accidental. La Biblia lo afirma a menudo.

Observa que Esaú cambió su primogenitura por una comida, y sin embargo el libro de Hebreos usa este incidente para advertir "que nadie sea inmoral ni profano como Esaú" (12:16, NVI). No obstante, a menos que se me haya escapado una mujer desnuda rondando por alguna parte en esa narración, Esaú no fue sexualmente inmoral en el texto del Génesis. Consumió una comida. El apóstol Pablo relaciona las murmuraciones de los israelitas en el desierto respecto a comida y agua con idolatría e "inmoralidad sexual" de parte de ellos

(1 Co. 10:8, NVI; Nm. 25:1-9). ¿Por qué es esto? En la perspectiva cristiana del mundo hay una relación directa entre comida y sexo desde el momento en que saborear un fruto llevó a inmediata vergüenza genital (Gn. 3:6-7). La relación sexual, al igual que la comida, es un apetito intrínseco. Ahora bien, el instinto sexual no es la misma clase de apetito que un apetito por comer. La comida es necesaria para toda vida humana, mientras que las relaciones sexuales no lo son. Nadie morirá por no tener descarga sexual (sin importar lo que chicos adolescentes y post-adolescentes puedan tratar de decirles a sus novias), mientras que sin comida o agua el cuerpo humano no puede seguir viviendo. Sin embargo, la necesidad está allí. Un individuo puede existir sin tener relaciones sexuales, pero una línea familiar no puede hacerlo, y la especie humana tampoco.

Y las relaciones sexuales nos demuestran regularmente lo primordial que puede ser el apetito. Un hombre hambriento puede mostrar lo irracional que el deseo por la comida puede hacer a alguien (matando y robando por ella) pero rara vez las personas se mueren realmente de hambre. El instinto sexual puede hacerte sentir como si estuvieras "muerto de hambre" y hacer que estés dispuesto a arriesgar tanto como un individuo demacrado está dispuesto a arriesgarse a saquear un supermercado para alimentarse. Además, el sexo, al igual que la comida, es una estructura de la creación diseñada para mostrarle a la humanidad algo más allá de la creación misma. La unión sexual no es un simple roce de partes; es un "misterio profundo" que forma una unión biológica y espiritual que señala el plan arquetípico de Dios para la comunión de Cristo y su Iglesia (Ef. 5:32, NVI). Por esto creo que una erudita contemporánea tiene mucha razón cuando habla de una falta de autocontrol en este aspecto como "obesidad sexual".[4]

La infidelidad sexual (y con esto me refiero a cualquier relación sexual fuera de la unión matrimonial de una sola carne) no es peligrosa principalmente debido a sus consecuencias temporales. Desde luego, estas consecuencias son muy reales y devastadoras. Es peligrosa

---

4. Mary Eberstadt, "The Weight of Smut", *First Things* (junio/julio 2010): pp. 47-52.

porque repudia el evangelio, molesta el símbolo de Cristo y su Iglesia y forma otra unión espiritual malévola que no puede desenredarse una vez que la situación queda atrás.

En nuestro tiempo, la pornografía se ha convertido en el ángel destructor del Eros masculino. No pretendo sugerir que la pornografía sea solo una tentación masculina (no lo es), pero debido al modo en que el hombre ha sido diseñado hacia la excitación, la pornografía es, cuando está disponible, una tentación masculina universal. Ha llegado al punto en que siempre que me reúno con una pareja en la cual hay un hombre que es un despojo emocional en sí —muerto a la intimidad con su esposa— y un matrimonio está desmoronándose, pregunto cuánto tiempo ha estado teniendo lugar la pornografía. En todos los casos está allí.

Hay una clase de impotencia que exhibe un hombre dedicado a la pornografía. A menudo habla de ella en términos de una "lucha" o "adicción". Pues bien, creo que ambos términos son exactos, pero alejan a una persona de su pecado en una manera decadente para el alma. La pornografía no solo es una adicción; es ocultismo. El hombre que se sienta a ver pornografía mientras su esposa lleva a los niños a la práctica de fútbol no es un "pervertido" fuera de lo común; está (igual que su antepasado Adán) buscando el misterio del universo aparte de Cristo. Por eso es que la única imagen almacenada en su memoria de esa mujer desnuda nunca será suficiente para él. Nunca podrá satisfacerse porque nunca podrá obtener una imagen suficientemente desnuda.

Afirmo que la pornografía es ocultismo porque creo que la atracción hacia ella es algo más que biológica (aunque esa es fuerte). Los poderes satánicos entienden que "el que comete inmoralidades sexuales peca contra su propio cuerpo" (1 Co. 6:18, NVI). Entienden que el acto pornográfico corta la unión matrimonial de una sola carne en el mismo punto de la relación íntima y, a su vez, une espiritualmente a Cristo con una prostituta electrónica (1 Co. 6:16). Tales poderes satánicos también saben que quienes practican esas cosas sin arrepentirse no "heredarán el reino de Dios" (1 Co. 6:9-10).

En cierto sentido, la pornografía no es diferente de cualquier otra forma de tentación sexual. Pero en otro sentido es aún más insidiosa.

La pornografía trae consigo una especie de falso arrepentimiento. Inmediatamente después que ha "terminado", el participante siente un tipo de repulsión y autodesprecio. Mientras que un adúltero o un fornicario pueden al menos racionalizar una especie de "amor" transcendente detrás de su pecado, ni siquiera una conciencia totalmente cauterizada quiere alguna vez componer canciones de amor o escribir poesía en celebración de su autosatisfacción pornográfica.

Por lo general, al menos en aquellos que tienen alguna clase de identidad cristiana o moral, al acto pornográfico le sigue una resolución de no volver a cometerlo, de dejarlo atrás y encontrar alguna clase de rendición de cuentas. Pero lo que se disfraza como una conciencia arrepentida en la mayoría de casos no es más que un apetito saciado. Cuando el apetito vuelve a estar "hambriento", los poderes demoníacos colaborarán con los deseos biológicos para encontrar una forma de volver a hacer que esto parezca irresistible. A medida que el ciclo de tentación continúa, la ilusión de arrepentimiento mantiene escondido el pecado, de modo que el verdadero arrepentimiento no se da hasta que, igual que con Esaú, la conciencia está tan cauterizada que el arrepentimiento es entonces imposible (He. 6:4-6; 12:16-17).

Por supuesto, aquí es exactamente donde los poderes quieren a cualquier hijo de Adán, y especialmente a cualquier hermano o hermana que profesa a Cristo. Jesús huyó de la tentación de Satanás no porque no le gustara el pan, sino porque quiere un pan superior al que Satanás puede proveer y porque quiere el pan en comunión con su Padre y con su novia. El diablo quiere una comida egocéntrica, devorada a solas en el desierto. Jesús quiere una cena de bodas, junto con su Iglesia "como una esposa ataviada para su marido" (Ap. 21:2) en la nueva Jerusalén.

Como ya mencioné, las mujeres son ciertamente susceptibles a inmoralidad sexual: fornicación, adulterio e incluso pornografía. Las mujeres que se disgustarían por completo con representaciones visuales de una actividad genital gráfica a veces quedan atrapadas por un medio no muy diferente de lujuria y codicia. Por supuesto, el romance siempre ha sido parte de la literatura humana; pero también lo ha sido el sexo. Y así como hay una diferencia entre la energía erótica de, digamos, el Cantar de los Cantares de Salomón o *Romeo y Julieta* y la lascivia dura, existe una enorme discrepancia entre el romance representado en el arte y el "arte" que está diseñado simplemente con el propósito de estimular el apetito por intimidad emocional. La pornografía "funciona" para aquellos que la "consumen" porque se basa en una ilusión, la ilusión de una pareja perfectamente dispuesta y excitada sin el "trabajo" de intimidad relacional. A menudo las novelas de romance o sus películas equivalentes hacen lo mismo para las necesidades emocionales de las mujeres que lo que la pornografía ofrece para los deseos eróticos de los hombres.

Afortunadamente, todavía no tenemos un mercado para la pornografía "cristiana" (pero solo espera, alguien hallará la manera), pero sí tenemos un mercado para las novelas "cristianas" de romance. Bueno, algunas de las así clasificadas no son realmente "novelas de romance". Son miradas complicadas a la condición humana (especialmente la relación hombre/mujer) desde un punto cristiano de vista. Pero gran parte de este género es simplemente una cristianización de una forma que no pretende examinar la intimidad, sino escapar a una ilusión artificial de esta. De acuerdo, aquí no hay sexualidad gráfica. El héroe y la heroína no duermen juntos; oran juntos. Pero ese es precisamente el punto. ¿Cuántas mujeres decepcionadas de mediana edad en nuestras congregaciones están leyendo estas novelas como un medio de comparar a los fuertes líderes espirituales descritos allí con lo que en comparación deben parecer zoquetes fracasados que están al lado de ellas en el sofá? Con esto no pretendo equiparar las "novelas de romance" con la grave destrucción del alma que produce la pornografía, pero vale la pena preguntar: "¿Está llevándome lo que estoy consumiendo hacia el contentamiento con mi esposo (o futuro esposo) o alejándome de este?".

En la cultura occidental global, la comida está garantizada. Desconectados del contexto agrario que la mayoría de personas en toda cultura habrían dado por sentado, ahora suponemos casi literalmente que el pan aparece de las piedras del suelo, ya que pocos de nosotros tenemos algo que ver con labrar y trabajar la tierra. Es un poco extraño para nosotros oír de multitudes que demandaban pan de Jesús en Juan 6, ya que nos parece algo similar a pedir un refrigerio en un evento deportivo. El pan era para la antigua cultura israelita (y en realidad para casi toda cultura) el motor básico de la sobrevivencia económica. La primera tentación no tiene que ver solo con consumir alimento; tiene que ver con consumir, punto. Se trata de nuestra búsqueda de seguridad económica, nuestras ansias por obtener cosas. Nuevamente, la codicia es algo sutil y no fácil de detectar en nuestras vidas. Un hombre que entra al grupo de rendición de cuentas en su iglesia y comienza a frotarse las manos con alegría al describir el trasero de la mujer que vio en la playa la semana pasada será (en la mayoría de iglesias) reprendido inmediatamente por alguien con cierta madurez espiritual. Un hombre que hace lo mismo respecto al barco que vio en la playa la semana pasada es posible que simplemente participe en más conversación. Pero la pasión por adquirir cosas es diabólica y lleva a la miseria y la ruina.

El apóstol Pablo escribe: "Raíz de todos los males es el amor al dinero, el cual codiciando algunos, se extraviaron de la fe, y fueron traspasados de muchos dolores" (1 Ti. 6:10). Pablo afirma que "los que quieren enriquecerse caen en tentación y lazo, y en muchas codicias necias y dañosas, que hunden a los hombres en destrucción y perdición" (1 Ti. 6:9).

Por desgracia, nuestra percepción está tan sesgada por nuestro entorno, que suponemos que querer "enriquecerse" es el deseo de ser la clase de multimillonarios con quienes estamos tan familiarizados en nuestra cultura. La definición de "rico" en las Escrituras ni siquiera contempla tan exagerada riqueza. Se refiere más a libertad y seguridad económica. Las riquezas descritas acerca de Nabucodonosor, Herodes y los opresores "engordados" por el lujo y la autocomplacencia en Amós y Santiago son mucho menos lujosas que las que veríamos en la actualidad en una familia estadounidense de clase trabajadora.

Las Escrituras no prohíben la riqueza, y en realidad ordenan cierta clase de autosuficiencia económica (dentro del contexto de la tribu más grande y la sociedad). Un hombre que no provee para su familia "es peor que un incrédulo" (1 Ti. 5:8). El evangelio nos ordena alejarnos de la ociosidad y "trabajar" por nuestro pan (2 Ts. 3:8). Pero el deseo de acumular cosas es tan insaciable como el apetito por comida y sexo, y puede ser igual de mortal.

El mandato bíblico no es establecer cierto nivel de vida al que todos los creyentes deban conformarse como un código externo, pero ciertamente existe garantía bíblica para notar el peligro de la tentación que viene junto con grandes riquezas. Difícilmente es legalismo hacer preguntas como ¿cuánto de esto necesitamos?, ¿cuánto debemos dar?, y otras más.[5] Una hermenéutica de sospecha sobre nuestra propia riqueza combinada con gratitud por lo que Dios nos ha concedido puede confluir en un arma del Espíritu contra la codicia. Por ella podemos reconocer que el "amor al dinero" y la acumulación de cosas es menos un estilo de vida que una pregunta persistente: "¿Está, pues, Jehová entre nosotros, o no?" (Éx. 17:7), o en otras palabras, "si soy realmente el hijo de Dios". El Espíritu de Cristo nos impulsa a contentarnos. Podemos ser libres del amor al dinero cuando reconocemos nuestra identidad y nuestra herencia en Cristo y nos aferramos a la promesa: "No te desampararé, ni te dejaré" (He. 13:5).

En este mundo caído, el autocontrol es tan contradictorio y contracultural que cualquiera que lo tenga parecerá extraño, si no subversivo. Eso es especialmente cierto para quienes vivimos en una época de riqueza sin precedentes, en la cual existe la ilusión de una ilimitada cantidad concebible de consumo. Temo que esto ha cambiado la conformación y el testimonio de nuestras iglesias en maneras que en su mayor parte son invisibles para nosotros. Nos hemos convertido en el pueblo del que Jesús advirtió: gordo, ambicioso y políticamente influyente. Mientras tanto nos hemos acomodado en casi toda forma a la cultura que nos rodea. Debemos reconocer que una de las causas de la crisis familiar que nos rodea —en las bancas donde nos sentamos o al predicar cada semana— es la billetera en nuestro bolsillo.

Demasiadas de nuestras iglesias, demasiados de nosotros, hemos hecho las paces con la revolución sexual y el caos familiar tras su paso, precisamente porque hace mucho tiempo hicimos las paces con el amor al dinero. Deseamos llevar el mismo nivel de vida de la cultura que nos rodea (no hay pecado en eso), pero estamos dispuestos a llegar allí al precio que sea necesario.

5. Al considerar esto en un contexto estadounidense, un buen lugar para empezar es el libro muy convincente y bíblico de David Platt, *Radical: Volvamos a las raíces de la fe* (Miami, FL: Unilit, 2011).

¿Por qué el supuestamente piadoso miembro de la iglesia en una de nuestras congregaciones o parroquias lleva a su hija adolescente embarazada a la ciudad más cercana al amparo de la oscuridad para hacerla abortar? Porque por mucho que "considere sus valores", cuando la crisis golpea, quiere que su hija tenga una vida "normal". Está a favor de la vida, como lo expresó una dirigente feminista, con tres excepciones: violación, incesto y mi situación.[6]

¿Por qué los padres cristianos, en contra de la clara advertencia de San Pablo en 1 Corintios 7, animan a sus hijos adultos jóvenes a posponer el matrimonio, a veces por años más allá del tiempo que tomaría discernir si esta unión sería del Señor? ¿Por qué les decimos con una sonrisa que esperen hasta que puedan "pemitírselo"? Se debe a que, para nuestra vergüenza, consideramos la fornicación como una realidad menos terrible que las dificultades económicas.

¿Por qué nuestros pastores y líderes de iglesia hablan sin rodeos sobre la homosexualidad, pero no sobre el divorcio, a pesar del hecho de que las tasas de divorcio de los cristianos evangélicos son iguales o más altas que las del mundo que consideramos "sin iglesia"?[7] Se debe a que en muchos casos los dirigentes de las iglesias conocen los rostros de las personas divorciadas en las bancas delante de ellos, y temen que se disminuyan las estadísticas de membresía o los ingresos que representan esos rostros.[8] En pocas palabras, en nuestras iglesias tenemos muchos más divorciados múltiples reconocidos que homosexuales reconocidos. Juan el Bautista puso su cabeza en una bandeja por decir la verdad de que ni siquiera un rey puede tener la esposa de otro hombre. El Juan Evangélico moderno no está dispuesto a poner

6. Esta expresión se le atribuye a Kate Michelman, antiguamente de National Abortion Rights Action League. Elizabeth Achtemeier la cita en un discurso ante la reunión de presbiterianos a favor de la vida en la asamblea general de la Iglesia Presbiteriana (EE.UU.), 3 de junio de 1993, p. 198.
7. Para una crítica profética de este fenómeno, véase Ronald J. Sider, *The Scandal of the Evangelical Conscience: Why Are Christians Living Just Like the Rest of the World?* (Grand Rapids, MI: Baker, 2005), pp. 17-35.
8. Para un análisis excelente de estas tendencias, véase W. Bradford Wilcox, "Conservative Protestants and the Family: Resisting, Engaging, or Accommodating Modernity," en *A Public Faith: Evangelicals and Civic Engagement*, ed. Michael Cromartie (Lanham, MD: Rowman and Littlefield, 2003), p. 58.

sus beneficios de jubilación en la mesa por decir lo mismo en una reunión congregacional de negocios.

Para muchos cristianos, el divorcio no parece un problema de guerra cultural porque no es chocante ni desagradable. Nos hemos acostumbrado a nuestro mundo de "un cónyuge a la vez". Por supuesto, ahora no festejamos el divorcio, pero lo vemos como una tragedia personal, no como un escándalo en nuestro testimonio del evangelio. Y tendremos nietos y bisnietos para quienes las cirugías de reasignación de sexo, la prostitución y la poligamia podrán parecer algo tan "trágico pero normal" como nos parece el divorcio. ¿Serán ellos más contraculturales que nosotros? Nos hemos convertido en revolucionarios sexuales de formación lenta que aceptamos la anarquía sexual una generación después que la cultura más amplia lo ha hecho. Los pecados de nuestros nietos no se denuncian porque, o no están allí para escuchar lo que se les dice, o no pagan las cuentas. Es exactamente la misma estrategia de perfil demográfico que usa Madison Avenue con la publicidad; es solo que lo demográfico es diferente.

¿Por qué hablamos sin cesar sobre la comunicación matrimonial y los "lenguajes del amor", pero nunca abordamos la cuestión de si la guardería institucionalizada es buena para los niños o para sus padres? Es porque los pastores saben que las parejas contestarían que nunca podrían darse el lujo de vivir solo con la provisión del esposo. Y casi siempre tienen razón, si vivir significa habitar en los vecindarios en que ahora viven con las tecnologías que ahora tienen. ¿Por qué nunca preguntamos si podría ser mejor vivir en un apartamento de una habitación o en un parque de casas rodantes que delegar la crianza de los hijos? Porque el estilo de vida estadounidense nos parece tan normal que tales aspectos ni siquiera nos parecen opciones que debamos considerar.

Cuando somos confrontamos con el reto de una existencia contracultural y afirmadora de vida (pero económicamente menos adquisitiva), muy a menudo vemos lo que nuestras biblias infalibles definen como la vida gozosa, pero nos alejamos tristes. Aquí somos como otro joven rico (aunque él sería pobre comparado literalmente con casi todos los que hoy día leen esta página) que quería vida eterna, pero amaba más sus posesiones (Lc. 18:18-30).

Aquí los cristianos contemporáneos podrían escuchar a algunos de nuestros críticos seculares más liberales que niegan una comprensión bíblica de la realidad, pero que parecen entender la relación entre el torbellino de destrucción personal y la cultura colectiva que damos por sentado. Al fin y al cabo, por lo general no son bohemios de Greenwich Village en mangas de camisa o eco-feministas marxistas con calcomanías de peces Darwin en sus furgonetas Volkswagen, que producen la "pornotopía" cultural que los Estados Unidos están exportando a todo el mundo y directamente a las direcciones que figuran en nuestros directorios de iglesias. El dinero detrás de esto es muy probable que provenga de "conservadores" en trajes tradicionales, y algunos de ellos saben cómo es el interior de un bautisterio y cómo seguir un himno de un coro de alabanza.

Muy a menudo los cristianos suponen que la cultura consumista es moralmente neutral y que el corporativismo estadounidense debe ser piadoso, ya que la cultura de los guerreros de izquierda se le opone con tanta energía. Pero en la contracultura hay una ilusión. Tanto la izquierda como la derecha en la corriente principal estadounidense están cautivas a la ideología de que los apetitos deben ser satisfechos por cualquier sistema que lo haga del modo más eficaz.

Los filósofos Joseph Heath y Andrew Potter tienen razón al afirmar que la contracultura y la cultura de consumo son simbióticas, y aseguran: "Al final, solo son personas que luchan por su derecho a divertirse".[9] Entonces, deberíamos preguntar si el activista consumidor Ralph Nader tiene razón en que la publicidad televisiva es una amenaza al orden familiar, ya que "las corporaciones han determinado que los niños menores de doce años son un mercado lucrativo, y les venden directamente, trastornando la autoridad paterna".[10] ¿Sorprende entonces que la mayoría de nosotros hayamos visto películas que nuestros abuelos habrían considerado pornográficas? Tal vez sea verdad que nuestros abuelos eran demasiado prudentes y exageradamente escrupulosos respecto a tales cosas. O quizás estemos viviendo una

---

9. Joseph Heath y Andrew Potter, *Nation of Rebels: Why Counterculture Became Consumer Culture* (San Francisco: Harper, 2004), p. 322.

10. David Wallis, "Questions for Ralph Nader: Give Them the Business", *New York Times Magazine*, 16 de junio de 2002, p. 13.

circunstancia en la que quienes se ganan la vida alimentando nuestros apetitos lo están haciendo sin que nos demos cuenta.

La iglesia puede aceptar la tiranía de los apetitos no simplemente señalando lo que en nuestro medio cultural es inadecuado con el evangelio, sino presentando una alternativa positiva, una contracultura en la que la naturaleza transitoria de la autosatisfacción momentánea la trascienda primero la búsqueda del reino de Dios. Esto es más que solo predicar (aunque sin duda también lo comprende).

El novelista John Updike escribió: "Estados Unidos es una enorme conspiración para hacerte feliz".[11] Los evangélicos estadounidenses contemporáneos son una enorme conspiración para venderse cosas unos a otros. Si alguna vez hemos de modelar que el hombre no vive solo de pan, debemos resistir el hecho de que la cristiandad se ha convertido en una comercialización para burócratas empresariales lejanos con un resultado que mantener.

¿Qué pasaría si nuestras iglesias se opusieran activamente a la cultura publicitaria cultivando, por ejemplo, nuestra propia cultura musical en lugar de simplemente importar cualquier cosa que se filtre de la "industria" musical cristiana? Hubo una época en que la expresión musical cristiana (desde el canto bizantino hasta la música country de los Apalaches) se propagó a la cultura de las formas populares de las congregaciones locales. Esto podría volver a ser así. Quizás no pareceríamos tan "profesionales" si llamáramos a nuestra gente y nos esforzáramos por disciplinarla en las artes musicales, ya sea en arpa, en voz o en guitarra de cordaje metálico, y le permitiéramos que su creatividad encuentre su lugar dentro de nuestra vida congregacional, tal como hacemos con la predicación y la enseñanza. Tendríamos algo de mala música en muchas de nuestras iglesias. No obstante, ¿sería peor que el interminable liderazgo de "adoración" que vemos ahora, que imita cualquier cosa que se ha probado en el mercado el tiempo suficiente para que salga en las supuestas ondas cristianas?

¿Qué tal que nuestras iglesias optaran por salir del estruendo de

---

11. John Updike, "How to Love America and Leave It at the Same Time", en *The Early Stories, 1953–1975* (Nueva York: Alfred A. Knopf, 2003), p. 413.

la celebridad cristiana? Por supuesto, siempre habrá líderes a quienes las iglesias mirarán. Así ha sido desde el Nuevo Testamento (Jacobo, Pedro, Pablo, Clemente y la lista es interminable). Sin embargo, ¿no vale la pena tener la conversación de que tu pastor no tiene que ser el predicador más en boga del momento a fin de ser una bendición para tu iglesia? ¿Y si en lugar de comprar simplemente más y más planes de estudio para grupos pequeños, tu congregación intentara (como un experimento) enseñar y preparar a algunos dentro de la iglesia a hacer tales planes? No todo, desde luego. No estoy sugiriendo eso.

Hay una diversidad de dones dentro del cuerpo más grande de Cristo, tal como los hay dentro de cada congregación local, y sería contraproducente e inútil no usar material disponible. Pero podríamos hallar pequeñas formas rebeldes de decirles a las industrias que a menudo nos bombardean de cosas para comprar: "Vivimos por el *Logos*, no por tu logo".

Una iglesia que ve y rechaza la primera tentación hará algo más que tan solo poner énfasis en educar a las personas a alejarse del afán adquisitivo. Adoptará una escala de valores completamente nuevos, lejos del espíritu de la época. La idea de la iglesia como un producto más en el libre mercado es indudable. Un personaje evangélico líder de la última generación, citado por un periodista hostil al cristianismo conservador, comparó la experiencia de la iglesia que él buscaba con la rutina de cambiar de marcas de crema dental "solo por el gusto de hacerlo". El pastor dice que todos debemos admitir que cuando hacemos esto, sentimos una "pequeña emoción secreta" mientras estas preguntas corren por nuestras mentes: "¿Blanqueará más mis dientes? ¿Me refrescará el aliento?". Ahora puedo parecer extraño, pero nunca me ha cruzado por la mente ni siquiera una "pequeña emoción" al comprar crema dental. Tengo que admitir (y siéntete libre de corregirme si me equivoco aquí) que encuentro difícil creer que alguien experimente de veras esa clase de "emoción" al comprar crema dental, excepto en un comercial de televisión. Pero el punto más importante de este individuo es que las iglesias deben "aprovechar las fuerzas del capitalismo de libre mercado en nuestro ministerio", ya que a las personas "les gustan los beneficios, los riesgos y quizás, sobre todo, la emoción de una sociedad de libre mercado".[12] No obstante, ¿cómo funciona eso para nosotros?

Cualquiera que sea nuestra opinión sobre lo que normalmente consideramos "la economía" (es decir, el ordenamiento correcto del gobierno al mercado, etc.), seguramente podemos concordar en que el orden económico dentro de la iglesia debe ser diferente, incluso de los órdenes temporales que consideremos buenos y justos. Después de todo, la mayoría de nosotros estamos de acuerdo en que alguna forma de república democrática es el mejor sistema político temporal, y sin embargo la Iglesia no es una democracia, sino una Cristocracia. Aun quienes tenemos el gobierno congregacional de la iglesia no creemos que la autoridad descansa "en el pueblo, por el pueblo y para el pueblo", sino en el gobierno de Cristo como se expresa a través de su Palabra y Espíritu. Incluso si lo que quieres en tu gobierno es economía de libre mercado orientada en el consumidor, por una parte, o una economía de estado benefactor, por otra parte, no es esto lo que deberíamos querer en nuestras iglesias. El cliente, consumidor o elector dentro de la iglesia no son quienes saben mejor lo que necesitan o, en última instancia, lo que quieren. El Padre Dios sí lo sabe.

En una crítica de gran alcance de la economía política contemporánea, Wendell Berry observa: "Una sociedad en que cada niño escolar 'necesita' una computadora, cada adolescente de dieciséis años 'necesita' un automóvil, y cada joven de dieciocho años 'necesita' ir a la universidad ya es ilusoria y está en vías de destruirse".[13] Berry exige una "inversión" de la economía para que el consumo no sea el bien superior. Sea que estés de acuerdo o no en que esta sería una buena idea para el orden económico mundial, o que estés de acuerdo o no en que creas que es posible llegar allí a partir de este punto, creo que es indudablemente aconsejable y posible "invertir" las economías de las iglesias locales: lejos del consumo de bienes y servicios espirituales como el mayor bien y hacia algo más simple, algo más profundo, algo más antiguo.

---

12. Jeff Sharlet, *The Family: The Secret Fundamentalism at the Heart of American Power* (Nueva York: Harper, 2009), p. 305.

13. Wendell Berry, "Inverting the Economic Order", *The Progressive* (septiembre, 2009), p. 19.

A menudo, las críticas a la vida consumista de la iglesia están dirigidas hacia las llamadas mega iglesias suburbanas amigables con quienes buscan. Pero esto apenas es justo. Antes que nada, el tamaño de una congregación tiene poco que ver con su visión de lo bueno. Además, muchas de estas críticas vienen de iglesias y ministerios igual de consumistas, dirigidos hacia un mercado demográfico diferente. Por tanto, las iglesias con pensadores analíticos y lineales tienden a ser doctrinalmente fuertes en el modo más racional e intelectual. A todos los buscadores allí se les orienta y comercializa con el mismo rango de grosor en sus lentes. Lo mismo ocurre con la adoración, el gobierno de la iglesia o cualquier otro tipo de temas. También a menudo las críticas más mordaces a las iglesias llamadas consumistas vienen de congregaciones envidiosas del "éxito" de las iglesias más grandes que las rodean. Pero no se puede criticar con integridad el consumismo desde el punto de vista de la codicia, ya que el problema mismo con el consumismo *es* la codicia.

Ciertos aspectos de lo que se ridiculiza como consumismo (ser amables con los invitados, recibir a los niños, señalización clara, comunicación amigable) tiene menos que ver con mercadotecnia y más con simple amor por el prójimo. Y hay aspectos de codicia que aparecen incluso en las iglesias y en los ministerios más anticomerciales y no consumistas. Además, debemos reconocer la legitimidad de los apetitos; el hombre vive del pan. Una iglesia que no reconoce las necesidades percibidas, no se preocupa de las personas. Sin embargo, hay una diferencia entre un ministerio motivado por el apetito y otro que transforma redirigiendo los apetitos.

Pregunto: ¿cuántas de nuestras iglesias apelan a los apetitos carnales solo como los medios por los cuales podríamos algún día presentar el señorío de Cristo a otras personas? Jesús no actúa de esta manera. Cuando multiplicó los panes, los apetitos satisfechos en la orilla del mar estuvieron dispuestos a anunciar el señorío de Jesús. En realidad, no lo profesaron, sino que estuvieron dispuestos a "apoderarse de él y hacerle rey" (Jn. 6:15). Pero Jesús se marchó. Quizás todavía lo hace.

También en nuestro discipulado uno a uno, las iglesias deben modelar lo que significa tomar en serio los apetitos. Sin embargo, el objetivo fundamental de lo que un Cristo tentado hace en nosotros no es negativo sino positivo. A través del Espíritu Santo, Jesús no solamente nos libera de nuestros apetitos al crucificarlos con Él; también nos permite caminar en la libertad de su novedad de vida.

El antídoto definitivo para el autoabastecimiento, y el combustible final para el autocontrol, es la gratitud. La gratitud no tiene que ver con el ego de Dios, sino con nuestra disciplina, nuestro ser conformado a la clase de hombres y mujeres que pueden ser reyes y reinas sobre el universo. Solo podemos heredar ese reino como niños pequeños (Mt. 18:4), es decir, como aquellos que tienen receptividad a la bendición. Abrazamos la disciplina de Dios, festejando cuando alimenta nuestros apetitos y esperando cuando no lo hace, porque sabemos que está obrando para hacernos bien al final.

Es verdad que la gratitud, el contentamiento y el autocontrol no impiden que nuestros estómagos gruñan. Queremos lo que ansiamos. Pero la disciplina de Dios nos enseña lentamente a matar nuestros apetitos y a despertar nuevos. A través del Espíritu de Cristo aprendemos a crucificar "la carne con sus pasiones y deseos" (Gá. 5:24). Eso es difícil. Por lo general, significa hambre, aspiraciones económicas, frustración sexual o anhelo familiar. Pero a través de esto aprendemos a ver que la vida es más que adquisición, ya sea adquisición de posesiones, orgasmos o recuerdos agradables. El hambre temporal puede hacer que nosotros, con nuestro Señor Jesús en las tentaciones del desierto, nos alejemos de la satisfacción momentánea, sea de nuestras "necesidades" culinarias, sexuales o de consumo, y busquemos las cosas más permanentes.

CONCLUSIÓN

La mañana después de Mardi Gras es fácil sentir sensación de náuseas estomacales, el latido de la resaca o las punzadas de la conciencia. Es mucho más difícil sentir la inutilidad de toda una vida bajo la tiranía de los apetitos. Eso es especialmente cierto cuando, como con la mayoría de nosotros, vemos la soberanía de nuestros apetitos como algo normal. Seamos sinceros, vivimos entre un pueblo cuyos estómagos están llenos, pero que lo vomitan todo con un disgusto parecido al de Esaú. Vivimos en una cultura de ansias que no se satisfacen, en un mundo en que siempre es carnaval y nunca Semana Santa.

Pero Jesús ha tenido hambre con nosotros y por nosotros. Él es el Hijo primogénito del reino, la verdadera humanidad y el verdadero Israel de Dios. Jesús entendió lo que sus antepasados en el huerto y en el desierto no entendieron. Al ser confrontado con la pregunta "¿Eres el hijo de Dios?", escuchó la palabra de su Padre más fuertemente que la palabra de su propio estómago gruñendo.

Nuestro enemigo no fue más listo que Jesús, a quien no se le hizo creer que debido a que el hombre vive de pan (lo cual es verdad), vive solamente de pan (lo cual es falso). Jesús entendió los apetitos y cómo encajan en la imagen completa del misterio de la condición de criatura del hombre y de la dignidad humana. Él no cuestionaría la provisión de su padre, aunque no podía verla en ese momento.

Lo mismo se vuelve realidad para nosotros a través del Espíritu de Cristo. El temor a la muerte nos empequeñece, tentándonos a agarrar lo que queremos, a satisfacer nuestros anhelos, antes que perdamos nuestra oportunidad. El reino de la muerte intenta hacernos llenar nuestras entrañas con lo que creemos que necesitamos. Sin embargo, para seguir a Jesús a través de este desierto debemos recibir la provisión de Dios y alimentarnos. A fin de llegar a la mesa del Padre debemos terminar con el control que la muerte tiene sobre nosotros, enseñándonos a ansiar más y más lo que no puede satisfacer. Debemos morir de hambre.

4

CAÍDA LIBRE

*Por qué preferimos tener razón en
lugar de ser rescatados*

Los audífonos antiruido funcionaban aún mejor de lo que me imaginé. Me hallaba en un asiento de un avión, justo al lado de un contador que roncaba y frente a un bebé que lloraba. La mujer en el asiento al otro lado del pasillo estaba dando, lo último que escuché, una disertación sobre cómo los médicos trataron con éxito su infección de vesícula. Pero no pude escuchar mucho de eso. El auricular era tan a prueba de sonido que creaba un resguardo sonoro virtual, apagando todo menos la música que llevaba conmigo. Ni siquiera podía escucharme a mí mismo. Y ese era el problema.

En algún momento del vuelo noté que todos frente a mí miraban hacia atrás con expresión de incredulidad en sus rostros. Durante ese nanosegundo intuí todo tipo de escenarios aterradores. Tal vez se había abierto un agujero en la parte trasera del avión, sacando al vacío a los pasajeros detrás de nosotros. Quizás un terrorista estaba atrás con un arma en la cabeza de una mujer y una nota exigiendo un viaje a Cuba y algo de dinero en efectivo. Antes que cualquier otra posibilidad pudiera formarse en mi mente, me volví, solo para ver que todos detrás de mí estaban mirando al frente con la misma expresión de horror confuso.

Ahí es cuando comprendí: "Santo cielo, es a mí a quien miran". Y un segundo después reconocí que había estado entonando la canción "Caída libre" con gran volumen y entusiasmo, pero no podía escucharme. Sin embargo, mis compañeros de viaje sí escuchaban, y creo que no les gustó. Es posible que fuera mi voz, tal vez la letra; nunca lo sabremos con seguridad. Me sonrojé y me avergoncé. En realidad, no hay nada que decir en un momento como ese. Tan solo debes decirte que pudo haber sido mucho peor, y que nunca volverás a ver a estas personas. Intentas retirarte a un capullo aún más profundo que aquel en que antes estabas. Te sientes humillado. Expuesto. Vulnerable. Hay una especie de reacción natural de luchar o escapar que brota de algún lugar dentro de ti. Es terrible.

Es probable que te hayas sentido así, y tal vez no se debió a un concierto improvisado en un lugar público, pero quizás te has sentido vulnerable. Después de todo, hay una razón de por qué muchas personas sueñan con dar un gran examen sobre un tema que no han estudiado, o por qué otras sueñan que se dan cuenta al dirigirse a su trabajo o escuela que olvidaron ponerse los pantalones. Posiblemente para algunos fue el temor a recitar su libreto delante de todas esas personas en la obra de teatro de esa clase. Para otros fue el miedo a soltar el balón de fútbol en ese partido clave en el último momento del juego de tu vida. Para algunos fue el miedo de ir a ver al supervisor para el examen anual de rendimiento. La posibilidad de estar expuesto, y públicamente avergonzado, es un miedo humano casi universal. E intentamos protegernos de quedar al descubierto, de la vergüenza y, en última instancia, del daño, algo de cualquier manera necesario.

Tal vez para ti hay algo en tu pasado que te ha dejado con algo mucho más aterrador que la humillación de sentir miedo. Te pudieron haber maltratado, ultrajado o golpeado. Tal vez hay por ahí una adicción que temes que regrese para agarrarte por la garganta. Podría haber una enfermedad genética en tu familia, y vigilas constantemente para ver si, o cuándo, aparece en tus propios registros médicos. Quieres protección. Esa es la segunda tentación de Cristo.[1]

La segunda tentación es, en muchos sentidos, la más difícil de

---

1. Mateo ordenó esta tentación como segunda en el flujo de su narración, mientras que Lucas la ordenó en tercer lugar. Para nuestro análisis la llamaremos aquí segunda tentación.

entender para los cristianos. Al fin y al cabo, la mayoría de nosotros podemos simpatizar con querer devorar un poco de pan cuando tenemos hambre, y con la atracción de ser el amo del mundo. No obstante, es difícil ver qué hay de atractivo en saltar desde una torre. En realidad, he conocido personas que me han dicho que, cuando miran abajo desde el Empire State Building, piensan en cómo sería saltar. Y algunos me han dicho que tienen el escalofriante pensamiento de girar bruscamente en el tráfico en sentido contrario a veces cuando conducen por una autopista concurrida. Pero estas cosas son fáciles de reconocer como algo perturbador y, al menos, casi suicidas. Sin embargo, esta no parece una tentación que "sea común al género humano" (1 Co. 10:13, NBV). Pero lo es. Y si tú y yo hemos de encontrar alguna vez la seguridad que anhelamos, tendremos que ver por qué, en nuestra condición caída, preferimos tener razón en vez de ser rescatados.

Una pregunta de verificación

A fin de captar algo de lo que estaba ocurriendo aquí, retrocedamos y observemos la geografía. No sabemos cuánto tiempo había transcurrido desde la prueba de Jesús con las piedras y esta otra, pero en algún momento el espíritu inmundo del desierto llevó a Jesús a Jerusalén, al punto más alto del templo mismo. No se nos dice si este fue un desplazamiento físico o alguna clase de visión mística. De alguna manera, estando Jesús en el desierto rocoso, de pronto se encontró en Jerusalén, como el apóstol Pablo lo diría, "si en el cuerpo, no lo sé; si fuera del cuerpo, no lo sé" (2 Co. 12:2).

Mientras el viento le agitaba el cabello, Jesús miró desde la altura que provoca mareo para escuchar la voz diabólica que le decía: "Si eres Hijo de Dios, échate abajo" (Mt. 4:6). Lo que tal vez sea lo más importante en este ofrecimiento son las palabras que Lucas incluye en su narración: "Tírate abajo *desde aquí*" (Lc. 4:9, PDT).

"Aquí" era Jerusalén, y "aquí" se encontraba el templo. Esto no es incidental. Jerusalén era mucho más que solo una ciudad capital o incluso una Meca religiosa para los judíos; era la Ciudad del Gran Rey, el lugar donde Dios había prometido poner su nombre y su presencia. Y el templo era mucho más que una catedral o sede denominacional. El templo era la morada de Dios mismo. Él se comprometió a estar con su pueblo, y lo hizo en tal manera que podía estar visiblemente con ellos, primero a través de la nube y el fuego que los sacó de Egipto, luego en la tienda viajera del tabernáculo durante su peregrinación por el desierto, y finalmente, después que entraron a la tierra, en un edificio que Dios dirigió a la casa de David que lo construyera para Él, en el cual habitaría.

La presencia santa de Dios en su templo es la razón por la cual los contemporáneos de Jesús se conmocionaron y horrorizaron cuando Él diría cosas como: "Destruid este templo, y en tres días lo levantaré" (Jn. 2:19). Esto no era para ellos el equivalente a que oyéramos decir a alguien: "Haz explotar la catedral de St. Louis o el templo de la Primera Iglesia Bautista de Dallas y las reconstruiré". Esto era mucho más blasfemo que eso. El templo era donde Dios estaba. Nadie se acercaba a la ligera a ese lugar. Ciertamente nadie se acercaba al Lugar Santísimo, donde estaba la presencia manifiesta de Dios. Satanás llevó a Jesús a este lugar.

Al mirar hacia abajo, Jesús habría visto un gran contraste con el silencio de las rocas del desierto. Probablemente vio personas en frenética actividad dentro y fuera de los mercados. Tal vez vio niños jugando en las calles. Allá abajo estaban los hijos de Abraham, tal como Dios había prometido, tan numerosos como la arena de la playa. Jesús podía ver la ciudad de David a su alrededor, siendo gobernada por un poder extranjero, los romanos incircuncisos. Al igual que Moisés en la cima de la montaña, Jesús podía ver desde aquí tanto el "ya" como el "todavía no" de la promesa del reino de Dios.

Mientras Jesús miraba hacia abajo, Satanás le susurró, o quizás le rugió: "Tírate". Esto no era una amenaza, una burla o un reto. Era un sermón. Satanás estaba predicando un texto bíblico, citando parte del Salmo 91, versículo por versículo. Aquí Satanás mostró su don, una vez más, como predicador bíblico expositivo. Por una parte, no era solo Jesús quien había memorizado las Escrituras. Satanás también lo había hecho. Recitó un salmo de memoria, y lo hizo con precisión. Además, Satanás no solo conocía el texto suelto, conocía el contexto canónico más amplio. Supo aplicar esta referencia a Jesús, el ungido definitivo de Dios. En este caso, Satanás también fue un predicador bíblico centrado en Cristo.

El Salmo 91 es un cántico acerca de la protección divina y el temor del hombre: "El que habita al abrigo del Altísimo morará bajo la sombra del Omnipotente" (v. 1). A través de un torbellino de metáforas, los Salmos comparan la liberación divina del ungido en términos de un rescatador de aves capturadas, un ave que cubre con sus alas a sus polluelos, un escudo que repele las flechas de un adversario, etc. La certeza de la liberación de Dios debe hacer que el ungido no tenga miedo: "No temerás el terror nocturno, ni saeta que vuele de día, ni pestilencia que ande en oscuridad, ni mortandad que en medio del día destruya" (vv. 5-6).

Después de cuarenta días en el desierto, seguramente Jesús habría reflexionado en esas palabras. ¿Te imaginas durmiendo en la noche oscura de un lugar desierto de Judea, sin farolas o luces de seguridad, nada más que la luz de la luna y las estrellas, y oscuridad por todas partes? ¿Cómo sería dormir sin saber cuándo, en cualquier momento, podrías sentir el cálido jadeo de la lengua de una fiera delante de tu cara mientras llama a una manada para desgarrarte las venas de la garganta? Y como los monjes ermitaños de la iglesia escribirían siglos más tarde, tan mala como la incertidumbre de la noche podía ser esa "destrucción al mediodía", la sensación de desesperanza y falta de significado que podría venir cuando el sol llega a su cenit.[2]

Pero en este momento y lugar, la promesa bíblica simplemente no habría parecido cierta. Después de todo, la Biblia asegura a los ungidos: "No te sobrevendrá mal, ni plaga tocará tu morada" (Sal. 91:10). Pero aquí Jesús se hallaba en la presencia del señor de las moscas, el príncipe de las tinieblas. ¿Qué podía ser más plaga o pestilencia que eso?

Satanás el predicador continuó su exposición. Le ofreció a Jesús que podía saltar porque la Biblia era la verdad. Citó las letras del salmista: "Pues a sus ángeles mandará acerca de ti, que te guarden en todos tus caminos. En las manos te llevarán, para que tu pie no tropiece en piedra" (Sal. 91:11-12). Por supuesto, Jesús sabía respecto a los ángeles. Estas criaturas misteriosas estaban allí con Él en el desierto, y

---

2. Para un análisis contemporáneo de este fenómeno, al cual algunos de los monjes denominaron "acedia", véase Kathleen Norris, *Acedia and Me: A Marriage, Monks, and a Writer's Life* (Nueva York: Riverhead, 2008).

al final de esta ronda de pruebas se harían visibles para el Señor (Mr. 1:13). Satanás incitó ahora a Jesús a forzar la visibilidad de estos seres. La intención de Satanás era seducir a Jesús a que demostrara algo, que probara una hipótesis. El cuerpo de Jesús sobrevolando el borde del pináculo verificaría, antes que nada, que la Palabra de Dios acerca de la presencia divina protectora era cierta. En segundo lugar, verificaría que esta presencia protectora era verdad, ya que se relacionaba en particular con Jesús. Cuando el galileo que caía en picada fuera levantado del peligroso suelo abajo, vería con sus ojos la respuesta al interrogante implícito en las palabras: "Si eres el hijo de Dios...".

Una vez más debemos volver a la cuestión de por qué Jesús sería atraído a tal situación. A la postre, esta fue una verdadera tentación. Aquí hubo una lucha, una sumisión de la voluntad de Jesús a la de su Padre. Jesús experimentó esto precisamente como lo experimentamos nosotros, solo que no pecó. Por tanto, ¿qué es lo que Jesús desea aquí? Sencillamente, Jesús el hombre deseaba lo que todo hijo y toda hija quiere: sentir seguridad y ser amado.

El ofrecimiento de Satanás aquí fue un asalto más a la paternidad de Dios y la condición de hijo en Jesús. El diablo dijo: "Si eres Hijo de Dios, échate de aquí abajo". Los padres no se limitan a proveer para sus hijos, sino que los alimentan; también los protegen de amenazas externas, luchando por ellos y defendiéndolos.

Cuando nuestros hijos mayores eran bebés, probablemente los protegíamos un poco más de lo que yo le recomendaría ahora a un padre. Los habíamos adoptado de un orfanato ruso, y trabajamos poco a poco para adaptarlos a la vida en una familia. En aquel entonces sus cunas estaban en una habitación en el piso principal de la casa, mientras la alcoba de mi esposa y yo se hallaba abajo en el sótano. Nos sentíamos terriblemente culpables por estar en dos pisos separados, pero al ser esta la manera en que se construyó la casa, lo aceptamos y pusimos un monitor electrónico de bebés en su habitación y en la nuestra para poder escuchar si nos necesitaban.

En cierta ocasión, me desperté a medianoche al oír la voz de un hombre extraño en el monitor de bebé que decía: "¿Sabes qué estoy a punto de hacer?". Medio dormido, salí de la cama y corrí escaleras arriba. Con el corazón saliéndose del pecho y las manos temblorosas, de un salto pateé la puerta de la habitación de los niños, e hice cierta clase de maniobra de kung-fu que es totalmente antinatural para mí. Me escuché gritando: "Si los tocas, te mato". No había nadie allí. Más tarde nos enteramos que la señal del monitor de bebés había captado la conversación telefónica de alguien. Ahora yo tenía allí dos bebés gritando que sabían apenas el inglés suficiente para preguntar, estoy seguro, por qué su nuevo papá se hallaba en la habitación de ellos gritando: "Voy a matarte". Nuestro ajuste al plan familiar se retrasó al menos dos semanas debido a todo eso. Sin embargo, mi reacción fue perfectamente natural (no los movimientos de kung-fu; no hubo nada de natural al respecto). Como padre, tengo un celo incorporado por ver a mi familia protegida de cualquier daño.

Esa también es parte de la paternidad divina a la que todos debemos responder. En él éxodo, Dios peleó por su "hijo", la nación de Israel, arrancándolo de las garras del faraón y guiándolo con seguridad a través de los peligros del agua. En el caso de los "hijos de Dios", los reyes de Israel, Dios demostró la aceptación que les tuvo al pelear por ellos, protegiéndolos de los enemigos que les hacían la guerra por todas partes. Es bueno ser protegidos por nuestro Padre, y orar: "Líbranos del mal" (Mt. 6:13).

Jesús volvió a expresar las palabras de Deuteronomio. En lugar de tratar punto por punto con las exposiciones del rey serpiente, el Señor declaró sencillamente: "Escrito está también: No tentarás al Señor tu Dios" (Mt. 4:7; cp. Lc. 4:12). Esta cita fue una señal, una señal de que Jesús no ignoraba lo que ocurría aquí. Después de todo, en su cita había un contexto más amplio. La cita completa de este pasaje es:

> No tentaréis a Jehová vuestro Dios, como lo tentasteis en Masah. Guardad cuidadosamente los mandamientos de Jehová vuestro Dios, y sus testimonios y sus estatutos que te ha mandado. Y haz lo recto y bueno ante los ojos de Jehová, para que te vaya bien, y entres y poseas la buena tierra que Jehová juró a tus padres; para que él arroje a tus enemigos de delante de ti, como Jehová ha dicho (Dt. 6:16-19).

La Biblia dice: "Como lo tentasteis en Masah". Algo sucedió en un lugar llamado Masah, un espíritu que Jesús también vio tramando algo en esta tentación. ¿Qué fue eso? *Masah* es una palabra que significa simplemente "prueba". Este incidente tomó lugar poco después de la milagrosa provisión divina del pan de los cielos. El pueblo de Israel enfrentó entonces otra amenaza en su recorrido por el desierto: la falta de agua para beber. La Biblia narra que cuando el peligro se hizo más pronunciado, el pueblo "altercó" con Moisés (Éx. 17:2, 7), exigiendo que le ordenara a Dios que les proveyera agua. Moisés reconoció que lo que estaba sucediendo en esta queja era una "prueba" al Dios de Israel por parte del pueblo de Israel. Los israelitas querían una señal para responder una pregunta: "¿Está, pues, Jehová entre nosotros, o no?" (Éx. 17:7). La pregunta era si Dios tenía razón o la tenía el faraón, si al fin y al cabo ellos eran realmente hijos o solo esclavos.

Observo que acabo de escribir que los israelitas querían una señal de parte de Dios, pero eso no está del todo bien. Ellos querían *otra* señal de Dios. A fin de cuentas, Él les había dado muchas señales, empezando con su liberación inicial de Egipto: "Nosotros éramos siervos de Faraón en Egipto, y Jehová nos sacó de Egipto con mano poderosa. Jehová hizo señales y milagros grandes y terribles en Egipto, sobre Faraón y sobre toda su casa, delante de nuestros ojos" (Dt. 6:21-22).

El pueblo de Israel había visto señal tras señal, suficientes en realidad para hacerlos temblar, llorar y suplicar que no vieran más. Pero cuando enfrentaron un peligro, cuando el agua se acabó, volvieron a murmurar.

Esta exigencia de protección fue una señal de incredulidad. Los israelitas no confiaron en que Dios, basándose en lo que les había prometido, los protegería y los libraría de sus enemigos. Querían una manifestación visible, algo que demostrara que, a fin de cuentas, Dios era un Padre. En Masah, la señal que querían era una corriente de agua. Pero más tarde habría otras cosas. La adicción a señales no se supera fácilmente. Ellos querían poner a prueba a Dios, para hacer que demostrara si estaba allí, y si estaba para ellos en la base de algo más visible que su palabra. "Si oyereis hoy su voz, no endurezcáis vuestro corazón, como en Meriba, como en el día de Masah en el desierto, donde me tentaron vuestros padres, me probaron, y vieron mis obras" (Sal. 95:7-9).

El problema para los israelitas era que realmente no podían probar a Dios. En realidad, estaban retrocediendo a una historia aún más antigua que la de ellos. A fin de cuentas, a Eva se le ofreció el fruto como un medio de protección. Comerlo fue un reto sobre si Dios estaba en lo cierto cuando afirmó que el día en que comieran el fruto ciertamente morirían (Gn. 3:3-4). Y después de comerlo, el pecado los llevó a ella y su esposo a buscar aún más protección de Dios mismo en la vegetación del huerto (Gn. 3:8). Estaban probando la soberanía de Dios.

En Masah, los mismos israelitas fueron realmente probados. En las quejas de búsqueda de señales que hicieron, Dios demostró que erraban "de corazón, y no han conocido mis caminos" (Sal. 95:10). El resultado final fue la declaración de Dios: "Por tanto, juré en mi furor que no entrarían en mi reposo" (Sal. 95:11).

No es casualidad que Jesús reviviera la prueba del agua de Masah desde lo alto del templo, el cual tiene que ver con el agua. El profeta Ezequiel visualizó un templo futuro del que escurriría agua, aumentaría poco a poco y, en última instancia, fluiría como río poderoso, lleno de vida, hasta derramarse en las raíces del árbol de la vida (Ez. 47:1-12). Jesús afirmó que esta era "agua viva" que refresca para siempre (Jn. 4:1-30; 7:37-39). Cristo no intentó que se demostrara la voz de Dios; simplemente la creyó.

El Señor vio a través del engaño satánico precisamente lo que ni Eva ni Israel lograron ver. Él sabía que probar a Dios significaría descalificación del pueblo escogido, de la herencia de entrar al reposo divino. Al fin y al cabo, el nombre de Jesús es literalmente Josué. Al igual que el primer Josué, Jesús no requiere de una victoria visible segura antes de marchar por el campo del enemigo. Él escucha las palabras de Dios: "Mira que te mando que te esfuerces y seas valiente; no temas ni desmayes, porque Jehová tu Dios estará contigo en dondequiera que vayas" (Jos. 1:9). Al mirar el rostro satánico y el precipicio abajo, Jesús recordó lo que Israel había olvidado: "Cuando salgas a la guerra contra tus enemigos, si vieres caballos y carros, y un pueblo más grande que tú, no tengas temor de ellos, porque Jehová tu Dios está contigo, el cual te sacó de tierra de Egipto" (Dt. 20:1). Además, lo invisible de la protección de Jesús era preparación para su señorío. A fin de cuentas, al rey de Israel se le exigió que no regresara a Egipto para adquirir caballos (Dt. 17:16). ¿Por qué no? Porque el rey de los israelitas debe ver su protección a través del poder de Dios, no de las mismas normas de esclavitud de la que su pueblo había venido. El poder del rey debe ser por medio del Espíritu, no por fuerza y poder visible.

David, el antepasado de Jesús, también fue probado en este punto en el desierto. Al igual que el Señor, David había sido ungido como el legítimo rey. Pero, a diferencia de Jesús, esto no se reconoció públicamente. Ya que David tenía el Espíritu, sabía que Dios le concedería poder para luchar contra sus enemigos. Pero el enemigo era Saúl, quien en ese tiempo ostentaba el cargo de gobernante israelita. Cuando David era perseguido por las tropas de Saúl, vino un momento de prueba. David y sus hombres se hallaban en una cueva cuando se toparon con Saúl, quién entró para hacer sus necesidades. Los hombres de David vieron esto como un giro de acontecimientos de parte del Señor. Al clavar a Saúl en la tierra con su lanza, lo cual habría sido fácil de hacer, David podría protegerse de la amenaza física y asumir el reino. Esto le habría verificado a David con cuál de los dos "hijos" estaría Dios. David se negó a atacar y, en su lugar, solo cortó una esquina de la túnica de Saúl, porque temía más a Dios que a su enemigo. David se negó a probar a Dios.

La sabiduría de David aquí no se mantuvo en los años posteriores a dejar el desierto y ascender al trono. El rey pastor puso en peligro su reinado al ordenar un censo, un conteo de todos los hombres y armamentos de Israel. Esto difícilmente nos parece tan traicionero, especialmente a quienes vivimos en naciones que regularmente realizan censos. Pero David estaba buscando los números de un potencial ejército permanente, lo cual, en palabras de un comentarista, debía ser "una especie de barómetro del favor del Señor".[3] Pero David no debería haber necesitado un barómetro. Tenía la Palabra de Dios. Esta prueba pone al descubierto un defecto oculto en el corazón de David, un anhelo de seguridad verificable aparte de la confianza fiel en Dios.

---

3. Joyce G. Baldwin, *1 and 2 Samuel*, Tyndale Old Testament Commentary (Downers Grove, IL: InterVarsity, 1988), p. 295.

Jesús se negó a forzar la protección de Dios —lanzándose al vacío— porque ya la "vio" por fe. La vio a través de las sugerencias del diablo, entendiendo que el Salmo 91 no enseña que el ungido de Dios no enfrentaría dificultades. El cántico dice más bien que las dificultades no triunfan sobre el ungido. El salmo enseña: "Sobre el león y el áspid pisarás; hollarás al cachorro del león y al dragón" (v. 13). El diablo había oído antes este lenguaje (Gn. 3:15). Dios prometió proteger a su ungido, pero sin exonerarlo de los problemas. En lugar de eso, la promesa fue que estaría con él en medio de "la angustia" (Sal. 91:15) motivándolo a clamar a su Padre. Dios anuncia en el salmo: "Por cuanto en mí ha puesto su amor, yo también lo libraré; le pondré en alto, por cuanto ha conocido mi nombre" (v. 14).

Ahora bien, esta tentación nos viene a todos nosotros, aunque en maneras diferentes. Para algunos la tentación golpea el nivel más elemental de seguir a Cristo: seguridad de fe. Podrías ser uno de esos cristianos que están constantemente con miedo de no ser "realmente salvos". Por supuesto, este podría ser ahora el caso, y lo que estás sintiendo es la convicción del Espíritu de Dios señalándote que lo que profesaste antes no fue auténtica fe salvadora. Mis palabras para ti serían sencillas: arrepiéntete y cree en el evangelio. Sin embargo, muchos cristianos confían en Jesús y se arrepienten del pecado, pero todavía no "sienten" que Jesús los haya recibido. Por lo general, lo que estas almas atormentadas quieren es alguna clase de verificación de que Dios las ha aceptado de manera verdadera y real. Para algunos, eso es algún tipo de bendición visible. Para otros es una especie de intuición asentada de su salvación personal. Para otros más es alguna clase de aumento medible en santificación, que puede archivarse y consultarse cuando sea necesario. Para otro grupo es alguna clase de milagro.

En la vida evangélica occidental contemporánea, algo de esta búsqueda de seguridad tangible se ha mostrado en el uso de la llamada oración del pecador. No quiero que me malinterpretes como si yo dijera que la oración del pecador es satánica. Conocí a Cristo haciendo una oración del pecador ("Dios, sé propicio a mí, pecador"), y todo el tiempo llevo personas a la fe en Cristo al hacer que pidan en oración el perdón divino. El problema no es la oración, sino que algunos cristianos la utilizan como una forma mecanizada de obtener algún tipo de seguridad verificable. Muchos de nosotros hemos hecho diferentes versiones de alguna clase de oración evangelística prefabricada docenas o incluso centenares de veces, en caso de que las primeras ocasiones nos hubiera faltado el requisito de la "sinceridad". Algunos predicadores animan incluso a multitud de cristianos a hacer otra vez la oración del pecador para, como ellos lo declaran, "afirmarla". A estos cristianos se les dice que pueden hacer la oración del pecador y tener una tarjeta firmada por quien oró y un testimonio del momento en que llegaron a conocer a Cristo. El predicador declara: "Si alguna vez llegas incluso a dudar de que eres cristiano, simplemente puedes sacar esa tarjeta y mirarla".

Bueno, eso está obviamente lejos de la libertad y simplicidad del evangelio. Algunos evangélicos con una mentalidad más teológica denuncian y ridiculizan con valentía estas antiguas prácticas de avivamiento. Pero luego caen en una trampa similar cuando languidecen en depresión hasta que han revisado largas listas de verificación para ver si han mantenido "frutos" cuantitativos de conversión, cuestionando todo pensamiento y motivo. Esta no es la manera en que funciona la fe.

Sí, la fe requiere confesar con la boca el señorío de Jesús y creer de corazón en su resurrección (Ro. 10:9-10). Sí, la fe es obediente (Stg. 2:14-26) y obra por el amor (Gá. 5:6). El problema no es con ninguna de estas verdades, sino que queremos encontrar nuestra seguridad en algo que podamos medir: un pedazo de papel, un tiempo recordado de lágrimas, el hecho de que según nuestros cálculos somos tres veces más humildes de lo que éramos por este tiempo el año pasado. El problema es que estas cosas tampoco nos aseguran nada. Las "cabras" no salvas en el tribunal de juicio tienen listas de razones por las que están seguras de la salvación, mientras que las "ovejas" salvas parecen comparativamente silenciosas (Mt. 7:22; 25:31-46).

Cuando luchamos con pecado o llegan tiempos difíciles a nuestras vidas, muchos de nosotros queremos retirar el velo del universo para ver si Dios está realmente allí. Sin embargo, la fe no es así. Fe es creer algo —por ejemplo, que Dios te acepta en Cristo Jesús— con base en su Palabra, y no según lo que puedas marcar y verificar. Imagina por un momento que se te aparece un ángel y te promete que puedes conocer con seguridad la existencia de Dios, la verdad del evangelio y tu posición eterna con Cristo. Lo único que tienes que hacer es saltar desde el punto más alto del templo, pues Dios te agarrará. Me pregunto cuántos de nosotros, en las noches más siniestras de nuestras almas, daríamos ese paso.

La tentación de autoprotegernos se mueve con nosotros a medida que avanzamos en la vida cristiana. En nuestro diálogo con los que están fuera de la fe, a menudo caemos en esta tentación no solo en el tono (como veremos dentro de poco) sino también en el contenido. Con frecuencia queremos un argumento incontrovertible y hermético sobre la veracidad del evangelio cristiano, algo que pueda probarse y verificarse. Queremos ver a Jesús —y por tanto a nosotros mismos— protegidos de cualquier ataque posible. Algunos hacen esto apoyando todo en rigurosos argumentos intelectuales: en evidencia histórica de la resurrección, por ejemplo, en la estructura intrincada del ojo humano, o en cualquier cosa. Otros hacen esto buscando evidencias públicas dramáticas de la existencia de Dios en milagros, sanidades o avivamientos. Esta es una antigua y persistente deformación en la vida cristiana. El apóstol Pablo escribió a la iglesia en Corinto que los griegos demandaban señales de sabiduría y los judíos exigían señales de poder, pero fue a través de la predicación apostólica que las aspiraciones de unos y otros se encontraron en Cristo, quien es "poder de Dios, y sabiduría de Dios" (1 Co. 1:24). Desde un punto de vista humano, este era un poder paradójicamente débil y una sabiduría paradójicamente ridícula. Pero solo Cristo podía iluminar y superar las tinieblas tanto allá afuera como aquí.

A veces los creyentes levantan las manos en señal de frustración con gente no cristiana que conocen. Alguien podría decir: "He dicho todo lo que sé para hablarle del evangelio. Esta persona ya lo sabe todo y no cree". A menudo lo que buscamos es otro argumento, un ángulo oculto en que nuestro interlocutor no haya pensado antes. Pero así es raramente como el evangelio se escucha y se recibe. Piensa en tu propio caso. ¿Creíste el evangelio la primera vez que lo escuchaste? Tal vez sí, pero si así fue, eres bastante excepcional. La mayoría de nosotros oímos el evangelio una y otra vez hasta que un día nos afectó en una forma muy diferente. ¿Y qué fue diferente al respecto? ¿Fue un nuevo argumento? ¿Te dijiste, "espera, quieres decir que existe evidencia arqueológica que demuestra la existencia histórica de los hititas?", o "Un momento, ¿hubo quinientos testigos de la resurrección? Bueno, ¿qué debo hacer para ser salvo?".

No, en la mayoría de casos lo que hemos oído fue el mismo antiguo evangelio: Cristo fue crucificado por nosotros, fue enterrado y resucitó de los muertos, y de repente hubo luz (2 Co. 4:6). De pronto lo que nos había parecido aburrido o irrelevante ahora pareció muy personal. Oímos la voz de un hombre en ese evangelio, y quisimos seguir esa voz (Jn. 10:3, 16). Vimos una luz de gloria que nos abrumó (2 Co. 4:6). Lo mismo ocurre con el mundo aún incrédulo que nos rodea o con los parientes aún incrédulos que nos esperan en la mesa de la cena del Día de Acción de Gracias. No tienes que dejarte intimidar por los no creyentes, como si lo que necesitaras fuera una "visión del mundo" más matizada para proteger el reino de Dios de las amenazas que le hacen. Sí, participamos en argumentos apologéticos, pero estos no se encuentran en el centro de nuestra misión. Al hablar con no creyentes sobre argumentos contra la existencia de Dios o sobre evidencia científica para la selección natural ciega o cualquier otra cosa, lo único que hacemos es escuchar los mecanismos de defensa de quienes están, igual que estábamos nosotros, asustados del sonido de la presencia de Dios en el huerto. Debemos hablar de estas cosas con amor, pero no para defender la fe. Nos relacionamos con otros solo para poder llegar a la única declaración que asalta el poder cegador del dios de esta era (2 Co. 4:4). El evangelio es suficientemente grandioso para pelear por sí mismo.

La tentación de autoprotección también aparece con frecuencia en la forma en que vemos la bendición de Dios en nosotros y en el misterio de nuestro futuro. Por ejemplo, consideremos el persistente asunto en todo el mundo acerca de los "curanderos religiosos" charlatanes rodeados de escándalos. No tengo dudas respecto a las curaciones. Creo que Dios cura, y a menudo lo hace en forma milagrosa. Y creo que Dios hace que algunas personas sean especialmente eficaces en sus oraciones para la curación de otros. Pero todos sabemos que hay quienes usan el poder de Dios para vender un producto, y los enfermos y desesperados son un mercado de destino para tales depredadores.

Temo que hayamos creado un mercado para este fenómeno por nuestra negativa a pasar tiempo orando por la curación de los enfermos entre nosotros.

Desde luego, todas nuestras iglesias tienen listas de oración por los enfermos, y muchas iglesias repasan línea por línea estas listas en la reunión de oración los miércoles por la noche o en los grupos de estudio bíblico en hogares. Pero seamos sinceros, ¿no son la mayoría de estas "peticiones de oración" más parecidas a un boletín noticioso o a un anuncio de servicio público? ¿Cuándo fue la última vez que viste a una iglesia seguir el mandato del Espíritu Santo en cuanto a qué hacer por los enfermos, según se encuentra en Santiago 5:13-15? ¿Cuándo fue la última vez que viste cristianos asolados por una enfermedad llamar a los ancianos de su iglesia para que los unjan con aceite y oren con fervor por curación? Quizás si esto fuera más común, los sufridos entre nosotros tendrían menos razones para pasar de nuestras iglesias y dirigirse a buscar al autonombrado apóstol en la tienda de carnaval a la vuelta de la esquina.

Sin embargo, incluso más problemático que eso es nuestra insistencia en ver nuestra salud y bienestar (nuestra protección visible) como señal misma de la presencia y el amor de Dios. Esto es precisamente lo que Jesús se negó a hacer desde lo alto del templo. Es verdad que la mayoría de nosotros no somos de la clase de maestros del "evangelio de la salud, riqueza y prosperidad" que vemos en los puestos más llamativos de avanzada de la televisión cristiana cripto-cananea. No obstante, la verdad sea dicha, la mayoría de nosotros somos realmente adeptos al "evangelio de la salud, riqueza y prosperidad" cuando se trata de lo que esperamos para nuestra propia vida. En lugar de orar humildemente y buscar las bendiciones divinas, muchos de nosotros negociamos con Dios, esperando que nos mantenga protegidos como parte de algún arreglo cósmico.

En el siglo XVI, el pastor y teólogo cristiano Juan Calvino vio esto como un obstáculo común para la auténtica comunión con Dios. Calvino identificó la tendencia de "tentar a Dios" entre aquellos que "no quieren acordarse de Dios, sino con ciertas condiciones; y, como si Dios fuese su criado, que estuviese sujeto a sus antojos, quieren someterlo a las leyes de su petición". Calvino continuó: "[Y] si [Dios] no obedece al momento, se indignan, rugen, murmuran y se alborotan".[4] La mayoría de nosotros no nos veríamos en tal categoría. Nadie lo haría, a menos que una clase de desilusión golpee lo que encubre tal actitud.

Cuando la seguridad y protección se vuelven nuestros objetivos finales, Dios se convierte en un medio para alcanzar esa seguridad y protección. Lo "probamos" entonces para ver si puede servirnos como un medio para nuestro verdadero dios: nuestra sensación de que todo estará bien. Dios es bienvenido, siempre y cuando veamos la manera de obtener bienestar físico, emocional, financiero, relacional o familiar. Pero cuando tales aspectos están amenazados, acusamos a Dios con nuestras quejas, aunque las disfracemos cuidadosamente como una "descarga" contra nuestras circunstancias, no contra Él. Suponemos que el amor divino implica protección visible de Dios *ahora mismo*. Cuando la protección no llega, nos volvemos distantes y carentes de oración hacia Dios. Lo ponemos a prueba.

Hace poco oí hablar de un hombre a quien no había visto desde la escuela secundaria. Cuando le pregunté acerca de sus creencias religiosas, simplemente afirmó que es "un ateo hasta que se demuestre lo contrario". Temo a veces que a pesar de todo mi aprendizaje dominical vengo a ser lo mismo. No solo quiero que me protejan de todo lo que me asusta, quiero estar seguro ahora de que esta protección siempre estará allí. Quiero a Cristo, pero muy a menudo lo quiero como una especie de activo espiritual cuantificable, como algo que siempre puedo revisar para estar seguro de que puedo verificar el saldo de mi cuenta corriente o mi nivel de colesterol. Quiero lo que Dios ha prometido, pero quiero poder legal para ejecutar esas promesas cuando determine que las necesito. De eso no es lo que se trata el evangelio de Jesucristo.

Lo que definitivamente deshace la atracción de la autoprotección es la cruz. Jesús se negó a buscar la prueba de su propia protección porque buscaba más que eso. Te buscaba a ti, y no estabas en el pináculo del templo. Te hallabas fuera del campamento, alejado de la presencia de Dios. Jesús no se lanzó desde el lugar alto por la misma razón que

---

4. Juan Calvino, *Institución de la religión cristiana*, libro III, capítulo XX, 51, (Rijswijk: Felire, 1999), p. 722.

un esposo fiel no sale corriendo de un edificio en llamas para llamar a un abogado con el objetivo de que demande al incendiario, si sabe que su esposa está atrapada adentro. Jesús no vino para protegerse. Vino por el mundo. Vino por la Iglesia. Vino por ti. Llevó tus reproches, ató tu maldición, cargó con tu exilio. Esta orientación en los demás liberó a Jesús para vivir de una manera muy diferente de las vidas llenas de ansiedad que muchos de nosotros llevamos.

Satanás siguió adelante, por supuesto, después de esta segunda tentación, pero regresaría a ella. Jesús volvería a oírla de parte de su propio seguidor y amigo Pedro, quien juró que pelearía contra cualquiera que intentara llevar a Jesús a la crucifixión. En realidad, cuando las autoridades llegaron para arrestar al Señor, Pedro desenvainó su espada y le cortó la oreja a uno de los oficiales del arresto. Jesús se volvió y reprendió a su amigo, señalando exactamente lo que supo allá en el lugar del pináculo: "¿Acaso piensas que no puedo ahora orar a mi Padre, y que él no me daría más de doce legiones de ángeles?" (Mt. 26:53). Con el tema de protegerse contra la cruz, Jesús identificó el espíritu detrás de la agresividad de Pedro: Satanás mismo (Mt. 16:23).

A primera vista, la segunda tentación podría parecer una incitación a participar en conductas arriesgadas. Después de todo, ¿qué podría ser más arriesgado que lanzarte desde una torre con la esperanza de que algunos ángeles te agarren? Por el contrario, esta acción habría sido una evasión de riesgo. Jesús podría de esta manera haber eliminado toda la ambigüedad y haber enfrentado a sus enemigos con la verdad clara y probada de que su Padre estaba de su lado. Pero fue la negativa de Jesús a saltar lo que fue valeroso. A medida que el Espíritu de Cristo forma el reino y elimina las fortalezas de tu vida, también te encontrarás atraído hacia el valor en contra de la temerosa autoprotección.

Mi amigo Patrick Henry Reardon observa que "valor" es una virtud difícil de encontrar en el contexto contemporáneo. Debido a que nos imaginamos con necesidad de "seguridad" en cada aspecto de la vida (¡incluso relaciones sexuales!), hemos perdido algo de la sensación de lo que significa aprender la fe a través del valor. Reardon escribe: "Mientras tanto, la valentía ha sido reemplazada por pura estupidez. Ejemplos de tal reemplazo incluyen actividades como paracaidismo y salto al vacío desde un puente, que no tienen más propósito que la emoción del supuesto peligro. Un peligro en gran parte ilusorio se cultiva con propósitos meramente emocionales".[5]

En realidad, cuando el valor auténtico se sacrifica ante una ética de autoprotección, el resultado no es prevención de riesgo sino, como en la sugerencia del diablo a Jesús, adopción innecesaria de riesgo. Por ejemplo, si una de las responsabilidades críticas de la paternidad es protección, ¿qué sucede entonces a una sociedad cuando a menudo los padres están ausentes, o son negligentes o abusivos? El resultado no siempre es una especie de pasividad servil en la siguiente generación (aunque a menudo esta es una de las consecuencias). El resultado es a menudo una clase de macho depredador "hipermasculino". Al ser incapaz de ver el modelo de paternidad protectora que se sacrifica y se arriesga, este hombre reemplaza la valentía con una especie de arrogancia violenta. Sin embargo, el Espíritu de Cristo nos llama a una clase diferente de seguridad y riesgo.

Ana no soporta ver viejas fotos familiares en las que sus padres sonríen abrazados. Ella había respetado a su padre por las convicciones cristianas y el liderazgo espiritual que él mostraba, por lo que siempre afirmó que deseaba casarse con alguien como él cuando creciera. Cuando Ana tenía diecisiete años, descubrió que su padre tenía una aventura amorosa con una mujer no mucho mayor que ella. Poco después, sus padres se divorciaron, y nada fue igual después de eso. Ahora Ana es un poco mayor y está recién casada, pero la atormenta el pensamiento de que su reciente esposo un día pueda hacer lo que su padre le hizo a su madre.

Ana está constantemente interrogando a su esposo y se muestra celosa de cualquier mujer que incluso le hable. A pesar del hecho de que su esposo parece amarla y ser un hombre íntegro, ella no puede dejar de pensar en que su padre también parecía ser así. De alguna manera, lo que experimenta Ana es solo un ajuste normal para quien ha sido lastimado gravemente. Pero para que se abra al amor, ella tendrá que aceptar que nunca podrá desarraigar de su matrimonio

---

5. Patrick Henry Reardon, "Homer, Sex, and Bungee Jumping", *Touchstone: A Journal of Mere Christianity* (octubre, 2003), p. 19.

toda posibilidad de riesgo. Tendrá que amar incluso sin "prueba" de que nunca resultará lastimada. Pero el riesgo es inherente en toda clase de vida dirigida hacia otras personas. El matrimonio podría resultar en infidelidad. Tener hijos significa que bien puedes experimentar la angustia de ver a uno de ellos muerto en un accidente automovilístico, enviado a casa en un ataúd desde una guerra en el extranjero, o sentenciado a cadena perpetua sin libertad condicional en una penitenciaría federal. Valor no es protegerte de estas posibilidades dentro de una burbuja. Valor es caminar hacia adelante y aceptar a los demás en amor, aunque podrías sufrir en maneras que ahora no puedes imaginar. Jesús recorrió ese camino antes que tú, y lo recorre ahora contigo. Es el camino de la cruz.

Un asunto de reivindicación

"Amigo, ella está loca. Estás mejor sin ella". Amigo lector: lo más probable es que hayas dicho o escuchado algo así (quizás con algún cambio en la redacción y la referencia de género) en algún momento de tu vida. Después de una ruptura romántica, la mayoría de personas buscan a sus amigos. Y la mayoría de personas tienen amigos que les asegurarán que la culpa no es de ellas, sino de la parte que las rechazó. Eso no desaparece una vez que terminan las peripecias del cortejo. Quien ha sido despedido de un trabajo busca escuchar la misma clase de conversación sobre su supervisor. Es más, ni siquiera hace falta un despido. Hay una razón para que el empleado más popular en la sala de descanso en la oficina sea el que refrene una lista de quejas contra el jefe. Esto da una sensación de emancipación a la persona que con todo quiere mostrar que tiene la razón.

Hay algo natural en todo eso, a pesar de cómo se transforma en formas pecaminosas. A fin de cuentas, uno de los principios fundamentales del universo es la justicia. Parte de la justicia es que las cosas se vean tal como son, para que tanto los héroes como los villanos arreglen sus diferencias. En una visión cristiana de las cosas, esta sensación primordial de justicia se debe a que fuimos creados con el conocimiento integrado del Juicio Final, un día en que todos los secretos serán expuestos y los justos serán reivindicados públicamente como tales (Ro. 2:6-8). Esta demostración de estar en lo correcto se llama reivindicación, y es un aspecto crucial de algo que la Biblia denomina "gloria".

Gloria en el pensamiento bíblico es la luz sin igual y no creada que rodea al Dios trino. Gloria también es la fama, el renombre y la aclamación de Dios; pero gloria además incluye un componente teatral. Es la demostración pública de la bondad, la verdad y la belleza de Dios, y por tanto de su mérito. Un teólogo define la gloria divina en parte como el derecho de Dios de probar, declarar y "casi como de volverse visible y aparente en todas partes como el Único que es".[6] Otro teólogo observa que lo que significa que Dios sea glorificado es que "cada miembro de la Trinidad habla y actúa en tal manera que realza la reputación de los otros dos, a fin de alabar y honrar a las otras personas".[7] Al ser creados a imagen de Dios, anhelamos que la justicia de la verdad se vea. ¿Quiénes son el pueblo de Dios? ¿Cuál es la forma correcta de vivir? ¿Quién tiene la razón? Fuimos formados para glorificación.

Esa demostración pública de justicia está exactamente en el centro de lo que Dios ha estado haciendo en el mundo al proteger a su pueblo del mal. Al fin y al cabo, Él guio a los israelitas a través del desierto, protegiéndolos del peligro, a fin de hacerse para sí un "nombre glorioso" (Is. 63:14). El pueblo de Dios participa en esta reivindicación divina cuando Dios demuestra la rectitud del pueblo entre todas las naciones (Is. 66:18; Ez. 39:21). Cuando el Señor enderece todo al final, entonces "sabrán las naciones que yo Jehová santifico a Israel, estando mi santuario en medio de ellos para siempre" (Ez. 37:28). La reivindicación pública es parte crítica de la liberación divina de su pueblo. Las Escrituras afirman que Dios no simplemente dispone una mesa para mí; la prepara "en presencia de mis angustiadores" (Sal. 23:5).

El ofrecimiento del diablo de que Jesús sea liberado por ángeles tiene que ver con esto. En el escenario de Satanás, Jesús no solamente habría recibido protección, sino que habría estado protegido delante de la audiencia de Jerusalén. No solo habría tenido la seguridad

---

6. Karl Barth, *Church Dogmatics*, vol. 2.1, *The Doctrine of God*, ed. G. W. Bromiley and T. F. Torrance (Edinburgh: T&T Clark, 1957), p. 641.

7. John M. Frame, *The Doctrine of God: A Theology of Lordship* (Phillipsburg, NJ: P&R, 2002), p. 595.

Caída libre

personal de la suspensión de fatalidad, sino también la importancia de la celebridad de una liberación pública. Recuerda aquí el contexto de Jesús, quien fue acusado de ser vago, borracho y ocultista. Si se hubiera lanzado desde el templo, estos guerreros angelicales realmente lo habrían rescatado. Y todo esto habría ocurrido en el lugar más visible posible, en el mismo epicentro de la religión, la política y el comercio israelita. Es más, las antiguas profecías auguraron que este era el lugar al cual las naciones acudirían para ver la demostración de la justicia y la gloria de Dios.

Todas las afirmaciones de Jesús acerca de sí mismo, de su Padre y de su evangelio se habrían verificado. Después de todo, eso es lo más persuasivo del discurso del diablo. El salmo que cita promete: "Lo saciaré de larga vida, y le mostraré mi salvación" (Sal. 91:16). En la promesa bíblica hay un repudio público de los enemigos y una afirmación muy pública de quién es ese a quien Dios considera que está de su lado (Sal. 89:49-51). Las Escrituras declaran que la vergüenza que el ungido soporta incluye las ofensas que vienen de quien manifiesta: "¿Cuándo morirá, y perecerá su nombre?" (Sal. 41:5). La respuesta viene con la salvación reivindicadora de Dios: "Con esto sabré que soy de tu agrado: si mi enemigo no llega a burlarse de mí" (Sal. 41:11, RVC). C. S. Lewis dijo la célebre frase de que las afirmaciones de Jesús acerca de sí mismo significan que Él fue "lunático, chiflado o Dios".[8] Jesús pudo haber resuelto aquí ese dilema de manera indiscutible.

Nuevamente, Jesús está aquí en medio de nuestras historias. Parte de la liberación que Dios les diera a los israelitas de Egipto fue, al protegerlos de las plagas, poner una "señal" para que el faraón distinguiera quién era el pueblo de Dios (Éx. 8:23). Dios se arrepintió de destruir a su pueblo Israel en el desierto porque Moisés le suplicó que pensara en la señal que tal juicio enviaría a sus enemigos: "¿Por qué han de hablar los egipcios, diciendo: Para mal los sacó, para matarlos en los montes, y para raerlos de sobre la faz de la tierra?" (Éx. 32:12).

La reivindicación de Dios también era esencial para la historia del señorío de Jesús. Al fin y al cabo, existe una razón por la que el antiguo rey Saúl se indignó cuando las multitudes comenzaron a

8. C. S. Lewis, *Cristianismo... ¡y nada más!* (Miami: Caribe, 1977), p. 62.

cantar: "Saúl hirió a sus miles, y David a sus diez miles" (1 S. 18:7-8). El monarca refunfuñó celoso: "Sólo falta que lo proclamen rey" (v. 8, NBV). Cuando Saúl comenzó a perseguir a David para destruirlo, el hijo de Saúl señaló que el hecho de que David hubiera liberado al pueblo de los enemigos era una señal del favor de Dios: "Él tomó su vida en su mano, y mató al filisteo, y Jehová dio gran salvación a todo Israel. Tú lo viste, y te alegraste; ¿por qué, pues, pecarás contra la sangre inocente, matando a David sin causa?" (1 S. 19:5). Haber liberado a los israelitas de la mano de Goliat, y antes haberse liberado "del león y de las garras del oso" (1 S. 17:37) fue más que solo seguridad física. En realidad, se trató de algo más que David viera que Dios estaba de su lado. Las aves de carroña y los animales alimentándose de la piel del cadáver del guerrero filisteo sucedió para que "toda la tierra [supiera] que hay Dios en Israel. Y sabrá toda esta congregación que Jehová no salva con espada y con lanza; porque de Jehová es la batalla, y él os entregará en nuestras manos" (1 S. 17:46-47). La protección divina del daño fue una demostración del hecho de que Dios estaba luchando por su rey escogido. Un rey derrotado en batalla evidenciaba una pérdida de la bendición, y posiblemente una pérdida de la unción, del Señor. Jesús pudo haber probado que era el Hijo de su Padre, para sí mismo y para la Jerusalén que observaba, en el tiempo que toma saltar desde una cornisa.

Sin embargo, Jesús sabía que la justificación autodirigida para nada es justificación. A fin de cuentas, el hombre y la mujer intentaron probar su rectitud después de rebelarse (Gn. 3:12-13). Los israelitas, atrapados en sus múltiples idolatrías, continuamente buscaron públicamente demostrar su rectitud, incluso ante Dios. Aarón, el fabricante de becerros de oro, fue incluso tan lejos como para sugerir que simplemente había lanzado los aretes al fuego "y salió este becerro" (Éx. 32:24). La pérdida del reinado de Saúl vino en parte por sus intentos cada vez más desesperados de justificarse como el verdadero ungido de Dios ante los ojos de su pueblo.

Y quizás mientras Jesús observaba la tierra de la promesa de Dios, también pensó en un cuerpo que no se pudo encontrar allí: el de Moisés. A la postre, la "prueba" de los israelitas en Masah no fue el final del asunto. En Meriba, el pueblo refunfuñó una vez más debido a la falta de agua. Dios dirigió a Moisés otra vez a la roca dadora de vida, dándole estas instrucciones a su profeta: "Hablad a la peña a vista de ellos; y ella dará su agua" (Nm. 20:8). Pero Moisés hizo algo un poco diferente, hizo lo que Dios había exigido en otro contexto, no en este. Golpeó la roca con su vara mientras gritaba: "¡Oíd ahora, rebeldes! ¿Os hemos de hacer salir aguas de esta peña?" (Nm. 20:10). El Señor dio el agua, tal como había prometido, pero le dijo a Moisés, "Por cuanto no creísteis en mí, para santificarme delante de los hijos de Israel, por tanto, no meteréis esta congregación en la tierra que les he dado" (Nm. 20:12).

Eso parece algo caprichoso, ¿no es así? ¿Por qué, debido al movimiento instantáneo de una vara contra una piedra, impediría Dios que un líder fiel y humilde viera la tierra hacia la cual había viajado durante cuarenta años? Creo que aquí hay varias razones, pero una de ellas es que Moisés intercambió su papel de liberador por una oportunidad de auto justificación. En lugar de hablarle a la roca, habló a las multitudes, expresando su indignación, protegiendo su liderazgo y defendiendo su propio nombre. Dios dijo que esa acción momentánea desheredó al líder de este pueblo de encontrar reposo en el cumplimiento de la promesa divina. Una vara y una piedra, además de algunas palabras, le costaron a Moisés su herencia. Jesús no cometería el mismo error.

Jesús no probó a Dios para demostrar que estaba en lo cierto, porque entendía la paternidad divina. La reivindicación pública es parte de la protección paterna de Dios para su Hijo.

Jesús había escuchado la voz que declaró: "Este es mi Hijo amado". Basándose en lo que había dicho el Señor, Jesús sabía que era quien Dios afirmaba que era. Y no obedecería un deseo satánico de ser probado y visto justo aquí y ahora. Al igual que Jesús, nosotros queremos ser protegidos de cualquier daño, y ansiamos tener la razón. Sin embargo, cuando esto se abstrae del juicio final y se convierte en una mercancía que Dios nos debe, resulta ser algo maligno y demoníaco.

Piensa por ejemplo en la forma en que recibes críticas personales. Para algunos de nosotros hasta la más leve sugerencia de que no le gustemos a alguien se convierte en una oportunidad para que una campaña completa demuestre que tenemos la razón. Aarón y Nohemí son una pareja de cristianos jóvenes. Ambos vienen de familias nominalmente cristianas que hace mucho tiempo dejaron de tomar en serio los asuntos espirituales. No entienden por qué este matrimonio esté tan comprometido con la religión, lo cual se manifiesta especialmente en la crianza de los hijos. Aarón y Nohemí creen que los hijos son una bendición del Señor, y aunque su familia no es grande en comparación con otras en otros lugares y tiempos, sus cuatro hijos pequeños parecen ser una familia agobiantemente enorme para algunos, en especial para la madre de Nohemí. Ella escucha de su familia extendida cosas como "Vaya, qué atareada estás" y "Uf, no quisiera estar en tu lugar". La madre de Nohemí hace, de vez en cuando, comentarios acerca de cómo teme que su hija, quien es "suficientemente inteligente como para hacer cualquier cosa", ahora esté "desperdiciando" la vida "solo como madre".

Tanto Aarón como Nohemí se encuentran tensos con sus padres, y han empezado a reconocer que disciplinar a sus niños es mucho más difícil en este tiempo. Un día comprendieron que lo que estaban disciplinando no era la desobediencia, sino la apariencia de "caos". No deseaban dar a sus familias "evidencia" de que se hallaban "abrumados". Sabían que sus hijos era una bendición, y querían probarlo teniendo todo bastante organizado. Lo que deseaban era reivindicación, demostrar que tenían razón frente a los ojos de sus escépticos padres. Querían ganar la discusión.

Formo parte de una denominación protestante de iglesias muy conservadoras, una denominación que sufrió un pequeño trauma hace una generación por cuestiones de ortodoxia bíblica. Resulta que estoy de acuerdo con los conservadores en que las Escrituras no tienen error, en que la fe en Cristo es necesaria para salvación, y en otros temas similares. Hace una década, cuando yo era un joven estudiante de seminario, nuestro servicio denominacional de noticias me pidió que cubriera la asamblea nacional general del grupo disidente más liberal dentro de nuestra denominación. Nadie me conocía allí, de modo que tuve libertad para caminar por la sala de exhibiciones, hablar con los líderes del grupo, y leer los materiales que se entregaban. Algunos de estos líderes, y algunos de estos materiales escritos, sostenían ciertos puntos de vista sobre temas bastante fuera de la corriente principal de nuestra "tribu" (aunque bastante típicos dentro de la línea principal del protestantismo de la época). Escribí una serie de artículos "exponiendo" estas opiniones y acusando implícitamente al liderazgo de este grupo de un tipo de radicalismo bíblicamente infiel.

Todo lo que escribí había sido exacto. El ala más "progresista" del grupo, los que presionaban para un movimiento más rápido en una dirección diferente, fueron los más amables conmigo. Ellos y yo entendíamos lo que estaba en juego, pero simplemente discrepábamos sobre si todo esto podía formar parte de un cristianismo bíblicamente fiel. Sin embargo, fui sometido a intensas críticas por parte de la organización. Me acusaron de presentar la situación en términos sensacionales con propósitos "políticos". Algunos se me acercaron durante la reunión después que las historias comenzaron a publicarse para hacerme saber qué pensaban exactamente de mí y de los de mi "clase". Fue entonces cuando esto se convirtió para mí en una cruzada, una cruzada muy peligrosa para mi alma. Al comenzar a hacerse más y más evidente que los temas que yo había descubierto eran en realidad un verdadero punto de tensión en el grupo, en lugar de solo algo extremista, me glorié en que se demostrara que yo tenía la razón.

De nuevo, los temas eran importantes. Y creo que necesitamos una prensa libre dispuesta a informar a la gente sobre tales acontecimientos en lugar de permitir que los líderes (de derecha o de izquierda) cubran los procesos de toma de decisiones. Pero incluso en mi afán por hacer lo correcto, me había vuelto más diabólico que cristiano en cómo lo llevé a cabo. Estaba protegiéndome, justificándome. La verdad de las Escrituras de Dios no era lo que me motivaba. Incluso en los temas en los que yo tenía razón, simplemente se habían convertido en una extensión de mí mismo. Yo no estaba peleando por Cristo o por su Iglesia, sino por mi propio honor, mi propia autoimagen y mi propia reputación. Lo que creía que era convicción, en realidad era deseo de venganza. Algunas de las personas a las que me opuse tenían ideas realmente equivocadas, pero el concepto que tenían de mis acusaciones sensacionalistas llegó a ser cada vez más cierto. Podrían estar equivocados o no acerca de Jesús y de las Escrituras, pero sin duda tenían razón en cuanto a mí.

Lo más probable es que nunca tendrás que enfrentar a tus "oponentes", reales o imaginarios, en el otro lado de una credencial de prensa, pero continuamente enfrentarás la atracción de dirigir tu propia justificación. Tal vez mires tu antiguo lugar de trabajo donde te maltrataron y sientas una secreta emoción al ver que sus utilidades disminuyen. Quizás pienses en ese maestro que te dijo que nunca te iría bien, y parte de tu éxito hoy día es una forma de declarar: "¿Qué te parezco ahora?". Es posible que disfrutes hablando del matrimonio fracasado del cónyuge que te dejó hace años. "Lo que se siembra, se cosecha", les dices a tus amigos.

Además, existe un peligro real de que se manifieste cierta clase de mentalidad de reivindicación propia y autoprotección incluso en el modo en que como Iglesia cristiana hablamos con los no creyentes, y acerca de ellos, en nuestras comunidades y vecindarios. Mientras escribo estas palabras ahora mismo, me encuentro sentado en una cafetería de mi comunidad. Afuera de mi ventana hay dos automóviles, uno esgrimiendo un imán de parachoques de un "pez Darwin", el antiguo emblema cristiano del pescado, al que le han crecido piernas y con la palabra "Darwin" dentro. Al lado hay otro auto, supongo que el propietario es cristiano, con una calcomanía de parachoques con ese pez Darwin siendo devorado por un pez Jesús más grande. ¿Es esta realmente una herramienta evangelística?

¿Ha habido alguna vez un ateo evolucionista que haya visto algo así y llegara a la conclusión: "Tienes razón, el darwinismo es algo chiflado, ¿dónde puedo hallar un tratado evangelístico que me muestre cómo creer?". Lo dudo. Por el contrario, gran parte de nuestra retórica tiene menos que ver con persuadir a los no creyentes, o con mantener la fe de los creyentes, que como dijera Thomas Merton una generación atrás, con nuestra búsqueda de "un argumento suficientemente fuerte para probar que 'tenemos razón'".[9] Por eso es que caricaturizamos los puntos de vista de nuestros oponentes en una manera que podamos obtener ruidosos "amén" en nuestros propios entornos, pero que deja a nuestros hijos completamente sin preparación alguna para los argumentos más cuidadosos y matizados que encuentran cuando realmente se topan con los puntos de vista que hemos satirizado.

---

9. Thomas Merton, *Conjectures of a Guilty Bystander* (Nueva York: Doubleday, 1966), p. 78.

¿Cuál es el resultado final? Es una retórica cristiana autorreferencial que no solo falla en persuadir a personas ajenas, sino que tampoco protege a nuestros propios hijos y nietos de aquello a lo que en primera instancia tememos exponerlos. Eso nos deja con lo que equivale, en las palabras de un crítico secular, a poco más que "una máquina de indignación perpetua".[10] En realidad, nuestra recalentada retórica de "guerra cultural" representa el lamentable sonido y la furia de lo que William Faulkner llamó una vez "una impotencia enfurecida".[11]

Esto no significa que no debamos confrontar la cultura. Jesús, los profetas antes que Él y los apóstoles después de Él lo hicieron. Si, como Jesús dijo, somos "pescadores de hombres" (Mt. 4:19), entendemos que es importante el ecosistema en el que viven los peces. Pero debemos confrontar la cultura con cierta clase de disposición para, como Pablo advirtió a la iglesia en Corinto, sufrir "el agravio" y "ser defraudados" (1 Co. 6:7), sabiendo que nuestra reivindicación final viene después. No debemos responder a los no creyentes de igual modo con dardos sarcásticos y campañas hábilmente preparadas para proteger nuestro "derecho" a ser libres del ridículo.

Debemos estar dispuestos a ser ridiculizados y recibir burlas debido a que nuestra audiencia no es este grupo actual de espectadores. Podemos escucharlos, amarlos y soportar sus argumentos con la misma paciencia con la que consolamos a nuestros hijos cuando nos insisten en que hay un duende debajo de la cama. Sé que no hay duendes. Y sé que el darwinismo, el hedonismo, el nihilismo y cualquiera que sea la alternativa propuesta a una visión cristiana de las cosas no contienen la verdad. Por supuesto, abriré la ventana y le mostraré a mi hijo que lo que escucha es solo una hoja seca que golpea contra el mosquitero de la ventana. Y le mostraré a mi vecino incrédulo que ni siquiera él cree que el universo es hecho al azar, sin sentido y amoral. Pero no me enojo por la "estupidez" de mi hijo pequeño de llorar por el duende. Él es un niño. Y no me enojo por la incredulidad

10. Alan Wolfe, "The Culture War That Never Came," en *Is There a Culture War? A Dialogue on Values and American Public Life* (Washington, DC: Brookings Institution Press, 2006), p. 56.
11. William Faulkner, *The Wild Palms: [If I Forget Thee, Jerusalem]* (Nueva York: Random House, 1939; reimpresión, Nueva York: Vintage, 1995), p. 21.

de mi vecino incrédulo. A él lo mantiene cautivo una serpiente que ciega la mente (2 Co. 4:3-4). En ambos casos, lo importante es algo más que demostrar que tengo la razón. Lo importante es la verdad, la esperanza y, sobre todo, el amor.

Jesús sabía que las contiendas de Israel con Dios a la orilla del desierto eran solo el comienzo. Después de todo, esa roca acuífera no era solo algo inanimado. De algún modo místico, las Escrituras nos informan que "la roca era Cristo" (1 Co. 10:4). Una vez más, igual que en las aguas amargas, el pueblo de Dios fue puesto a prueba. Y nuevamente, creyeron que eran los que estaban probando. Acusaron a Jesús de ser una amenaza para el orden religioso y para el imperio político. Y creyendo que hacían la voluntad de Dios, lo colgaron, de acuerdo con las Escrituras, como blasfemo fuera del campamento (Dt. 21:22-23). Si le hubieran hablado a la roca, Dios les habría dado agua viva para beber. En lugar de eso, los que se sentaban en la cátedra de Moisés intentaron reivindicar su propia justicia, y golpearon la roca. Seguramente ninguno pensó en Meriba cuando vieron a un romano sacando una lanza del costado de Jesús mientras agua caía al suelo abajo.

Parte de la maldición que Jesús soportaría por nosotros en el Gólgota fueron las burlas y las pruebas de los enemigos de Dios. Mientras Él se ahogaba en su propia sangre, los espectadores gritaban palabras muy similares a las de Satanás en el desierto: "Que baje ahora de la cruz ese Cristo, rey de Israel, para que veamos y creamos" (Mr. 15:32, NBV). Pero Jesús no bajó. No subió a los cielos. Tan solo se contorsionó allí. Y, después de todo, el cuerpo hinchado de Jesús cayó al suelo cuando lo soltaron del madero, salpicando sangre caliente y agua en los rostros de la multitud.

Es probable que esa noche los líderes religiosos leyeran Deuteronomio 21 a sus familias, advirtiéndoles de la maldición de Dios sobre quienes son colgados "en un madero". Los padres tal vez les dijeron a sus hijos: "Tengan cuidado de no ir a terminar igual que él". Es probable que esos soldados romanos fueran a casa, se lavaran la sangre de Jesús de debajo de las uñas y jugaran con sus hijos frente a la hoguera antes de quedarse dormidos. Este era solo un insurrecto más que habían bajado de una cruz, uno en una línea de ellos distribuidos al borde del camino. Y este (¿cómo se llamaba? ¿Josué?) ahora era solo carne descompuesta, no representaba absolutamente ninguna amenaza para el imperio. El cuerpo de Jesús quedó ahí en el silencio de esa cueva. Al parecer lo habían probado y comprobado, y lo hallaron indigno. Si hubieras estado allí para abrirle los párpados magullados y apretados con manchas de sangre, habrías visto orificios en blanco. Si le hubieras levantado el brazo, no habrías sentido resistencia alguna. Solo habrías escuchado el golpe sordo contra la madera al soltarlo. Podrías haberte alejado de tan mórbida escena susurrando: "La paga del pecado es muerte".

Pero en algún momento antes del amanecer el domingo, una mano desgarrada por los clavos se contrajo. Un párpado ensangrentado se abrió. El aliento de Dios sopló dentro de esa cueva, y una nueva creación mostró la realidad. Dios no estaba simplemente liberando a Jesús (y con Él a todos nosotros) de la muerte, también estaba justificándolo (y con Él a todos nosotros). Al resucitar a Jesús de entre los muertos, Dios reafirmó lo que había dicho sobre las aguas del Jordán. Declaró que Jesús era el "Hijo de Dios con poder" (Ro. 1:4). Las Escrituras declaran que esto se logró por "el Espíritu de santidad". Este es el mismo Espíritu que bajó sobre Jesús en su bautismo "como paloma" (Mt. 3:16). Cuando este apacible Espíritu se posó sobre Él en el agua y en la tumba, ¿pudo Jesús haber reflexionado en las palabras del salmo que el diablo citaría en el desierto: "Con sus plumas te cubrirá, y debajo de sus alas estarás seguro" (Sal. 91:4)? Con esa clase de rescate, ¿quién necesita ser probado de alguna otra manera?

Conclusión

¿Sabes? El diablo tenía razón. Jesús no quiso hacer caso del ofrecimiento de Satanás, no porque el Tentador estuviera equivocado, sino precisamente porque estaba citando un pasaje exacto de las Escrituras. Dios sí rescataría a su Ungido. Pero el ungido es aquel que espera en Dios y se niega a rebelarse. Debemos sufrir con Cristo antes que seamos glorificados con Él (Ro. 8:17). Buscar "seguridad" aparte de Cristo, justificación aparte de Cristo, es burlarse de Dios al preguntar: "¿Está, pues, Jehová entre nosotros, o no?".

No necesitamos proteger nuestras vidas porque ya están crucificadas. El evangelio nos dice que estamos "con Cristo en Dios" (Col. 3:3). Podemos saber que, sin importar lo que nos venga, "cuando Cristo, [nuestra] vida, se manifieste, entonces también [seremos] manifestados con él en gloria" (v. 4). Por tanto, podemos estar dispuestos a perder nuestras vidas, reputaciones y razones, porque de todos modos no podemos aferrarnos a nada por medio de nuestras tácticas ingeniosas. A largo plazo, todos moriremos y, a más largo plazo, todos resucitaremos de los muertos. Viene libertad al pensar en eso.

Jesús sabía que recibir la protección de Dios era mejor que autoprotegerse. Sabía que ser justificado por Dios era mejor que autojustificarse. Él tuvo que esperar para ser rescatado, esperar para estar en lo correcto. Pasó ese tiempo en la tumba de Pascua y luego en los cielos orientales. Jesús estuvo dispuesto a confiar en la Palabra de Dios y que otros lo consideraran equivocado.

Después de quitarme los auriculares con cancelación de ruido y recostarme en mi asiento en el vuelo del avión, finalmente dejé de sonrojarme. Pero mientras más pensaba en el asunto, más me convencía de por qué había estado entusiasmado con mi canto en ese momento. Canté con mucho más gusto de lo que por lo general canto cuando estoy reunido en adoración con el pueblo de Dios. Mientras más lo pensaba, más comprendía que mi libertad en ese instante se debía a que me había olvidado de mí mismo. No me preocupaba lo que los demás pensaran, ni siquiera me importaba el concepto que yo tuviera de mí mismo. Era libre.

Con el fin de llevarnos a la esclavitud de la "seguridad", los poderes satánicos siempre quieren que cuestionemos esa libertad. Lo que cambia todo eso es lo que el Espíritu le mostró a Jesús desde lo alto del templo: la protección al aceptar la paternidad de Dios. No necesito "probar" la opinión que Dios tiene de mí. No necesito protegerme o justificarme. Y ciertamente no necesito esconderme. Si la Palabra de Dios es verdad, Dios me ve en Cristo Jesús, y ya he sido ejecutado, sepultado y resucitado de entre los muertos. Estoy a salvo.

Toda mi autoprotección es patética porque oculta la verdad más importante que he conocido: el evangelio. ¿Cómo puedo temer la muerte cuando ya me he ahogado en mi propia sangre, cuando ya me han clavado a un madero en el Oriente Medio? ¿Cómo puedo temer la humillación pública cuando ya he sido vestido con el traje de un rey para ser torturado por los ocupantes de mi nación? Todo eso me ha sucedido porque estoy en Cristo. Su vida es mi vida. Y no solo eso, sino que Dios ya me ha demostrado lo que piensa de mí. Ningún alarmismo satánico puede superar lo que Dios ha proclamado:

Canta, oh hija de Sion; da voces de júbilo, oh Israel; gózate y regocíjate de todo corazón, hija de Jerusalén. Jehová ha apartado tus juicios, ha echado fuera tus enemigos; Jehová es Rey de Israel en medio de ti; nunca más verás el mal. En aquel tiempo se dirá a Jerusalén: No temas; Sion, no se debiliten tus manos. Jehová está en medio de ti, poderoso, él salvará; se gozará sobre ti con alegría, callará de amor, se regocijará sobre ti con cánticos. Reuniré a los fastidiados por causa del largo tiempo; tuyos fueron, para quienes el oprobio de ella era una carga. He aquí, en aquel tiempo yo apremiaré a todos tus opresores; y salvaré a la que cojea, y recogeré la descarriada; y os pondré por alabanza y por renombre en toda la tierra. En aquel tiempo yo os traeré, en aquel tiempo os reuniré yo; pues os pondré para renombre y para alabanza entre todos los pueblos de la tierra, cuando levante vuestro cautiverio delante de vuestros ojos, dice Jehová (Sof. 3:14-20).

Por tanto, rechaza la voz que te empuja a la espiral de la muerte, y no tengas miedo. ¿Por qué te importa lo que tus defensores o tus críticos piensen de ti? ¿Por qué temes lo que sea que está asustándote? Mira por sobre esa cornisa, y canta a tu Padre. Canta en voz alta. Canta con la libertad de los ya rescatados, con la libertad de un pueblo que no tiene nada que probar. Y, mientras cantas, recuerda: Él también está cantando.

5

REINADO DEL DESIERTO

*Por qué preferimos ser magnificados
antes que crucificados*

Supongo que es bastante difícil criar bien a tus hijos, pero mucho más si tienes que enviarlos a un satanista cada fin de semana. Ese era el dilema que algunas mujeres enfrentaron al presentar una demanda contra lo único que todas tenían en común: un hombre divorciado llamado Jaime. El sujeto tenía treinta años, trabajaba en una fábrica y había tenido una vida difícil. Luego fue a parar a un tribunal tratando de convencer a un juez de que estaba en condiciones de tener la custodia paterna de sus hijos. Todo se reducía a un tatuaje.

Jaime tenía una cruz en el brazo, tatuada en la piel. Eso podría no parecer muy controversial, excepto que la cruz estaba al revés. Y formaba la "t" en la palabra "Satanás". El abogado de Jaime dijo que esto era un simple asunto de libertad religiosa. El tipo era miembro de la Iglesia de Satán y no debía ser discriminado por sus creencias. El defensor del endiablado llamó a un sacerdote satánico como testigo experto para que proporcionara lo esencial de la discusión: que el satanismo no tiene nada que ver con el diablo. El satanista afirmó que su religión no cree en un demonio real y personal, ni en algún Dios o poder sobrenatural. Por el contrario, el satanismo adora el ego, el poder del yo. De eso se trata la cruz invertida, de poner patas arriba los valores cristianos de humildad, mansedumbre y servidumbre. El hombre declara que el satanismo en realidad no es adoración al diablo, ya que Satanás es solo un símbolo para "el orgullo, la libertad y el individualismo".[1]

Bueno, puesto que ya has leído hasta aquí en este libro, estoy seguro de que puedes darte cuenta de que no estoy de acuerdo con el ocultista sobre la existencia de Satanás. Pero seamos justos hasta con el diablo. Sería difícil encontrar una definición más bíblica del diablo que la adoración del orgullo, la libertad y el individualismo. Cuando leo sobre alguien como Jaime, siempre siento curiosidad por lo que pudo haberle sucedido en la vida. A fin de cuentas, la adoración al diablo, como todas las formas de ocultismo, tiende a aparecer después de una serie de pasos siniestros y terribles en la vida de alguien que casi no tiene nada que perder. Las personas impotentes tienden a ser atraídas hacia lo oculto, sea el adolescente lleno de espinillas que lee libros sobre hechicería para defenderse de matones, la divorciada de mediana edad que encuentra confianza en sí misma en su religión terrenal de la Nueva Era, o el grupo de sectarios que se beben la sangre unos a otros. Aquellos que han sido lastimados y marginalizados puede atraerles el consuelo de la magia negra. Sin embargo, para el resto de nosotros, nuestra búsqueda de poder tiende a aceptar un matiz más sutil del satanismo.

Soy orgulloso, y tú también. Algunos de los que están leyendo esto (tal vez mi abuela) probablemente profieran las palabras: "Oh, él para nada es orgulloso. Es muy tierno". No obstante, ese es el problema. Muchas personas orgullosas son tan orgullosas que no parecen orgullosas. Nos disgusta demasiado la arrogancia como para querer parecer los pavos reales presumidos que todos tenemos en nuestra vida. Sin embargo, todo ser humano es portador de la tendencia pecaminosa hacia el orgullo y la exaltación del yo. Lo expresamos en maneras diferentes, pero todos ansiamos poder para nosotros mismos y la libertad que parece venir con él. Por eso es que Jesús fue al desierto por nosotros, para luchar contra nuestra tentación común de adorar al sistema mundial satánico que nos rodea.

En el clímax de sus tentaciones en el desierto, Jesús se encontró

---

1. Manya A. Brachear, "Satanist Puts Faith in System", *Chicago Tribune*, 9 de julio de 2008, p. 3.

en la cima de un monte muy alto. Desde allí Satanás le mostró "todos los reinos del mundo y la gloria de ellos" (Mt. 4:8). Le dijo a Jesús: "A ti te daré toda esta potestad, y la gloria de ellos; porque a mí me ha sido entregada, y a quien quiero la doy" (Lc. 4:6). Todo el poder en el cosmos venía con una condición y solo una: "Si postrado me adorares" (Mt. 4:9).

Una vez más, Jesús no cayó. Permaneció allí, miró a los ojos del jefe supremo demoníaco, y citó la Biblia. Jesús recurrió una vez más a las palabras de Deuteronomio, parafraseando la orden de Dios por medio de Moisés: "Al Señor tu Dios adorarás, y a él sólo servirás" (Mt. 4:10). Jesús, descansando en la paternidad de Dios, sabía que llegaría su herencia, su reino. Sabía que Dios lo exaltaría; por tanto, pudo humillarse delante del misterio de la misión de Dios. Jesús también pronunció las palabras que repelieron de su presencia al demonio: "Vete, Satanás", y Satanás se fue.

Si seguimos a Cristo, también nos uniremos a este choque de reinos. Tú y yo debemos descubrir qué es lo que personas como nosotros encuentran tan atractivo acerca de este intercambio fáustico: veneración y adoración por poder y gloria. Debemos ver por qué deseamos intercambiar la exaltación de los tiempos finales a nuestro Padre por exaltación actual a una serpiente. Debemos comprender por qué preferimos ser magnificados aparte de Cristo antes que ser crucificados con Él. Ese es un concepto difícil para la recuperación de satanistas como nosotros.

UNA CUESTIÓN DE SABIDURÍA

En cada tentación, el diablo aumentó el atractivo imaginario de la oferta. En la primera simplemente mencionó el pan, y en la segunda llevó a Jesús al lugar de un posible salto. Sin embargo, en la tercera tentación le mostró realmente a Jesús el resultado final potencial de la transacción. La Biblia nos informa que el espíritu inmundo llevó al nazareno "a un monte muy alto". Desde allí, Jesús podía ver "todos los reinos del mundo y la gloria de ellos" (Mt. 4:8).

Recuerda que Jesús estaba viendo todo esto, casi con seguridad, por primera vez. Ese parece un concepto extraño para quienes piensan que Jesucristo es el cosmopolita supremo, una especie de ciudadano separado de todas partes y de ninguna. Pero ver a Jesús como la clase de individuo genérico, desarraigado y homogenizado a quien nuestra sociedad contemporánea a menudo generaliza, hace perder una verdad central de la encarnación. Jesús es de alguna parte. Tiene una tribu: el pueblo de Judá. Tiene antecedentes geográficos: era de una pequeña aldea en el Oriente Medio. Jesús tiene el acento del norte de Galilea. Y aquí este trabajador de un pueblo pequeño veía todo el poder en el mundo. Esta visión vino con una sorprendente simultaneidad; todo ocurrió "en un momento" (Lc. 4:5).

Quizás tú, al igual que Jesús, creciste en una aldea rural aislada. Piensa en la primera vez que viste un lugar como la ciudad de Nueva York, París o Tokio, si has estado allí. ¿No fue una experiencia vertiginosa mirar el horizonte encima de ti? O, quizás por el contrario, creciste en un entorno urbano estrecho y ruidoso. Piensa en la primera vez que viste las Montañas Rocosas, el océano Pacífico o el desierto de Mojave. Tal vez te quedaste boquiabierto al ver la extensión de estrellas sobre ti, estrellas que habían estado ocultas por las luces eléctricas o la polución que considerabas parte del modo en que son las cosas. Pues bien, realmente ni siquiera estas experiencias coincidirían con cómo sería para los israelitas del primer siglo ver esta explosión de gloria y poder del mundo. A fin de cuentas, incluso antes de contemplar el paisaje más impresionante que hayas visto, es probable que ya lo hubieras observado como una imagen electrónica.

Por supuesto, ahora Jesús estaba consciente de que era el heredero del reino de Dios, y lo anunciaría (para gran consternación local) poco después en la sinagoga de su ciudad. Él sabía por las Escrituras que Dios le había prometido "los confines de la tierra" (Sal. 2:8) como herencia. Pero Jesús había recibido todo esto por palabra, no por visión; por fe, no por vista. Lo que Dios había velado en promesa futura, Satanás intentó revelar en observación presente.

Esta no es una artimaña nueva. En toda época, Satanás intenta sacarnos de nuestro misterio. Al fin y al cabo, con Eva, la serpiente desmitificó el fruto prohibido y le ofreció una imagen de cómo sería su futuro después de su "liberación". Ella sería "como Dios, sabiendo el bien y el mal" (Gn. 3:5). El pueblo de Israel fue guiado a clamar porque dioses visibles "vayan delante de nosotros" (Éx. 32:1), un becerro de oro que pudieran ver y palpar. Cuando el rey Saúl enfrentó la incertidumbre de la victoria militar o la derrota, fue inducido a poner su reino por sobre la espera del mensaje del Señor, por lo que buscó que una sesión de espiritismo de una bruja le diera una visión del futuro (1 S. 28:1-25). Apreciaba tanto el poder y la gloria, que prefirió ingresar al ocultismo antes que permanecer en la ignorancia.

El conocimiento es importante aquí porque, desde el mismo principio, el "conocimiento del bien y del mal" (Gn. 2:9, 17, NBV) ha sido un aspecto crítico en cuanto a gobernar. Quizás finalmente Dios le habría dado a Eva y su consorte acceso a ese árbol prohibido, cuando hubieran tenido la madurez necesaria para usarlo en la dirección divina. Adán y Eva debían ser como niños pequeños, dependientes de su Padre hasta en relación al conocimiento necesario para obtener el reino. Salomón, el hijo de David, vio esto, y Dios lo elogió en las páginas de las Escrituras. Salomón confesó que era demasiado joven y que aún no conocía el bien y el mal (1 R. 3:3-9). En lugar de pedir poder, riqueza, reinos o gloria para sí mismo, pidió sabiduría. Así que Dios le otorgó sabiduría, y los reinos y la gloria junto con ella (1 R. 3:10-13). Más adelante en la historia bíblica descubrimos por qué esto es tan importante. La sabiduría no es un intelecto autodirigido, sino una persona: Cristo, la sabiduría de Dios y el poder de Dios (1 Co. 1:24). Cuando Salomón buscó sabiduría, estaba buscando a Cristo. Cuando la reina de Sabá probó a Salomón con preguntas difíciles (1 R. 10:1), estaba probando al Espíritu de Cristo sobre él. Siglos más adelante, Jesús anunciaría: "Alguien superior a Salomón está aquí" (Mt. 12:42, NTV).

Satanás estaba apuntalándose como vehículo de revelación. Al explicarle a Eva el propósito de los árboles, imitó la voz de Dios. Al incitar a los israelitas a hacer sacrificios a los demonios, parodió la palabra de Dios. Ahora hace lo mismo al llevar a Jesús al lugar donde Dios famosamente dio a conocer la revelación —a un monte alto— a fin de ofrecer una revelación propia.

Esto es esencial para el fundamento central de rebelión de Satanás: orgullo. En la propia historia de su caída, el ángel insurrecto valoró su conocimiento que lo llevó a su riqueza, que lo llevó a su poder, que lo llevó al exilio (Ez. 28:2-3). Desde entonces ofrece continuamente el poder que viene junto con el conocimiento, especialmente conocimiento del futuro desconocido y fomentando la clase de arrogancia que pretende que no hay límites para el conocimiento de las criaturas. No es casualidad que, inmediatamente después de la resurrección de Jesús, la iglesia se dividiera por afirmaciones de conocimiento secreto mientras las congregaciones se resquebrajaban por peleas sobre genealogías y mitos (1 Ti. 1:4; 2 Jn. 7). El diablo sabe por experiencia personal que el conocimiento "envanece" (1 Co. 8:1). Cuando ves lo que podrías tener, es posible que llegues a ansiarlo hasta el punto en que harás lo que sea necesario para obtenerlo. "Los deseos de los ojos" incitan "la vanagloria de la vida" (1 Jn. 2:16).

A medida que la marcha de Jesús hacia el reino se desarrolla en los evangelios, se nos muestra al Señor creciendo en sabiduría y conocimiento (Lc. 2:52). Dios estaba preparando en Él la naturaleza humana para asumir el trono de Adán. Cuando crecemos en Cristo (Ef. 4:13-16), seguimos el mismo camino. Recibimos conocimiento (Col. 2:2-3), pero es un conocimiento que viene de Dios. Se trata de un conocimiento que es apropiado para un rey o una reina en adiestramiento, para este momento particular en el proceso de entrenamiento. Pero no es, como sucede con Dios, un conocimiento ilimitado. Aprendemos a amar tanto la revelación que otorga la luz divina como los límites de nuestra ignorancia, amando y confiando en Él incluso cuando "vemos por espejo, oscuramente" (1 Co. 13:12).

Sin embargo, un sistema satánico de conocimiento elude los límites. La ignorancia de cualquier clase implica una finitud para la humanidad y, más que eso, una adoración de otra Fuente superior de sabiduría, conocimiento y los misterios de la vida. La era científica tecno-utópica en que vivimos es especialmente peligrosa en este sentido. Exigimos una explicación para todo y una solución tecnológica para cada problema. Pero el manejo de datos sin sabiduría puede resultar no en la deificación sino en la demonización del hombre.

No obstante, quizás aún más mortal es un uso satánico del conocimiento en los intereses del teísmo cristiano. Hay una clase de poder que viene con una sobre sistematización de las creencias del cristianismo. Puedes aprender a responder todas las preguntas y proporcionar puntos ordenados de discusión para problemas espinosos pero, al final, terminas perdiendo la reverencia y el temor de Dios. Puedes terminar con una deidad aristotélica perfectamente lógica, o una deidad islámica con amor propio. Pero, al mismo tiempo, pierdes de vista el torbellino paradójico, misterioso e incomprensible de un Dios trinitario revelado a nosotros en Jesucristo. Supongo que hace varios años reconocí cuán lejos había llegado en este camino: cuando en mi lectura de las Escrituras encontré un pasaje que no había notado antes, y me emocionó encontrarlo. El versículo fue una perfecta descarga para acabar con argumentos, que yo podía usar en un debate teológico en curso que estaba teniendo con un amigo. Después de mi minuto o más de "eureka", me di cuenta de que el versículo era una cita de Bildad el suhita en el libro de Job, consejo que Dios desarraigaría más adelante cuando ordenó a Job que simplemente cerrara la boca delante del misterio de la soberanía y bondad de Dios.

Para la mayoría de nosotros, el impulso hacia el conocimiento satánico no estará en el ámbito de la manipulación genética o la teología sistemática. Vendrá en el deseo de averiguar el futuro y ver cómo resultará todo. A fin de agarrar el pequeño reino que ansiamos para nosotros mismos, nos preguntamos qué pasará después con nuestro trabajo, nuestra salud, nuestras familias o nuestras relaciones. Los poderes satánicos nos ofrecerían ayudarnos a descubrir todo eso. Pero a menudo la ignorancia es una bendición en el ordenamiento divino del universo.

Hace unos minutos, mientras escribía esto, una pareja joven a quien casé hace poco más de un año llegó para hablar. Ahora tienen un bebé recién nacido y viven en su primer apartamento pequeño. ¿Estarían mejor sabiendo lo exitoso que él será en su profesión? ¿Sería bueno que supieran ahora acerca de qué es, no lo permita Dios, perder una hija a causa de leucemia o de la demencia de uno de ellos dentro de cincuenta años? ¿Serían más amados por Dios si supieran que tendrían seguridad financiera dentro de veinticinco años, o que su tercer hijo no podrá conservar un trabajo? A la mayoría de nosotros nos gustaría saber tales cosas por adelantado si pudiéramos. Pero Dios sabe mejor que nosotros que florecemos como seres humanos cuando aprendemos a confiar en la sabiduría del Padre, a menudo tomando pequeños pasos.

Dios reveló paso a paso el misterio de Cristo, ocultando la plenitud de la revelación hasta el momento adecuado (Ro. 16:25-26;

Gá. 4:4; Ef. 3:5; He. 1:1-2; 1 P. 1:10-12). Él hace lo mismo con cada una de nuestras vidas, prometiéndonos un destino de conformidad y bendición en Cristo, pero pidiéndonos que lo busquemos con base en "la certeza de lo que se espera, la convicción de lo que no se ve" (He. 11:1). Satanás procuró presentar su reino a Jesús, como si fuera quien tiene el derecho de revelar esta gloria, de divulgar este misterio. El príncipe de las tinieblas hará lo mismo por ti, y te convencerá de que tu incapacidad de ver lo que está en el otro lado del monte se debe a que Dios está reteniéndotelo. El momento en que empiezas a escuchar, a averiguar el futuro, has comenzado a buscar otro dios.

UN ASUNTO DE ADORACIÓN

Después de mostrarle a Jesús el panorama de los reinos, Satanás se los ofreció. Lo único que el Señor debía hacer era postrarse en un instante de adoración. Como ya hemos señalado, la mayoría de personas reconoce la adoración al diablo como algo que está mal. Hasta la pluralista no religiosa tendría reservas acerca de saber que el maestro de su hijo fuera satanista. Esto parece muy obviamente malévolo. Por eso es que Jaime el portador de tatuajes tenía tantas cosas en contra cuando fue al tribunal.

Pero seamos sinceros en que debemos admitir que para la mayoría de personas la adoración parece ser algo secundario en la vida. Algunas son más sinceras al respecto que otras. Por ejemplo, la humorista Florence Rey habla de su adoración anglo-católica como algo estrictamente "genético". Ella va a la iglesia mayor porque su gente lo hace, escribe que "alzará la voz en defensa de la transubstanciación, aunque de una u otra manera esta no signifique nada para mí".[2] Como alguien que vivió entre una congregación que podía tolerar a un líder de adoración abiertamente adúltero, pero no a uno que no prolongara adecuadamente las sílabas en el coro de "Cuenta tus muchas bendiciones", puedo ver algo de lo que sucede en la iglesia mayor, en la iglesia menor, o en cualquier otro lugar intermedio. Sin embargo, tanto Jesús como Satanás estaban mejor informados. La adoración no se trata

---

2. Florence King, *Reflections in a Jaundiced Eye* (Nueva York: St. Martin's, 1989), p. 152.

simplemente de entonar canciones o de leer oraciones. Adoración es atribución de valor. Cada acción, cada afecto, cada inclinación fluye entonces de lo que sea que veamos y sintamos como fundamental. Mientras Jesús y Satanás observaban sobre esos reinos, ambos sabían que en el centro de todo estaba la adoración.

El diablo demuestra en este ofrecimiento la arrogancia que en primer lugar lo había hecho descender de los lugares celestiales. Más allá de la visión de los reinos, Satanás modela para Jesús cómo podría ser el futuro del Señor. El diablo se jacta de toda esa autoridad y toda esa gloria: "A mí me ha sido entregada, y a quien quiero la doy" (Lc. 4:6). En esa declaración hay una sensación implícita de liberación y libertad. Satanás se ve como un agente autónomo, que no rinde cuentas a nadie, y con un poder cimentado tan solo en su propia voluntad.

Satanás mostró aquí explícitamente lo que había estado tratando de hacer desde el principio. No solo intentaba tentar a Jesús; intentaba adoptarlo. En todas las tres tentaciones, Satanás asume el papel de un padre: primero en provisión, luego en protección y ahora en la concesión de una herencia. Satanás no solo quería ser el señor de Jesús; quería ser su padre.

Ya que paso gran parte de mi tiempo enseñando a iglesias acerca de la doctrina bíblica de la adopción en lo que respecta al cuidado de huérfanos, cada vez me doy más cuenta de que una razón de que pocos entendamos el peso de nuestra adopción en Cristo se debe a que gran parte de esa verdad descansa en una comprensión de herencia. Pocos en el mundo occidental actual tenemos realmente la idea de herencia, porque para nosotros el concepto parece ser cuestión de "administración de riqueza" para los enclaves más aristocráticos del dinero antiguo. La mayoría de nosotros consideramos que la herencia realmente no es un gran problema más allá de redactar un testamento que les diga a nuestros hijos quién recibe la colección de pantallas antiguas de lámparas de la tía Flossi.

Sin embargo, en el mundo de la Biblia, las clases pobres y trabajadoras eran las que más peligro corrían en la estructura de herencias. No había red de seguridad social ni plan colectivo de jubilación. La herencia era el motor básico de la solidaridad familiar y la sobreviviencia económica. Un padre trabajaba no solo con el fin de satisfacer a sus hijos las necesidades básicas de la vida, sino también con el propósito de entregar esa vida y esa ocupación a esos hijos cuando estuvieran listos para ello. Algún día sus tierras de cultivo, su barca de pesca o sus herramientas de carpintero serían de sus hijos. Trabajaría toda la vida y también les dejaría algo a sus propios hijos.

Digo que no entendemos este concepto pero, en un sentido muy real, la mayoría de nosotros sí lo entendemos. Muchos cristianos —y soy uno de ellos— hemos sido muy críticos acerca de la tendencia de confundir el reino de Dios con el "sueño estadounidense". Dado que el sueño estadounidense se ha definido como más compras y más consumo, la crítica se mantiene (véase la primera tentación). Sin embargo, al menos originalmente, la idea del sueño estadounidense no era consumista en absoluto. Era más bien la noción de que cualquier persona, sin importar la nación en que naciera, la clase social o la casta a la que perteneciera, podía trabajar arduamente, cumplir las reglas y lograr un mejor futuro para su familia. La idea central de este sueño era que tus hijos pudieran estar mejor de lo que tú estás. Eso es algo dirigido al otro y orientado al futuro, algo no egoísta. Y no es únicamente estadounidense. Casi toda cultura en el mundo incluye a padres que aspiran a ver que sus hijos los superen en educación, oportunidad y prosperidad. Es por eso que el albañil inmigrante ahorra para enviar a su hijo a la universidad. Hay algo heroico en eso. Detrás de ese impulso está la idea básica de la herencia, de sacrificarte para poder levantar a aquellos que vienen después de ti.

Esta estructura de herencia no es meramente una construcción cultural humana, diseñada para manejar recursos económicos. Está arraigada en el mismo orden del universo. Después de todo, incluida en la imagen de Dios que portaban nuestros primeros padres estaba la promesa de que debían trabajar para proteger la tierra, porque esta les fue dada. Eran los herederos del cosmos. Bajo Dios, el reino, el poder y la gloria eran de ellos para siempre. Los hijos de Abraham eran igualmente, por fe, herederos de la tierra de Canaán y, en última instancia, herederos del mundo mismo (Ro. 4:13).

Esta estructura de herencia cósmica es la razón por la que esta tentación fue real, no solo un acto teatral. Jesús realmente quería los reinos del mundo y su gloria. Jesús es el Hijo de Dios. Participa una naturaleza con su Padre y se deleita en lo que le agrada a su Padre (Jn. 5:30). Dios es un gobernante feliz sobre todo lo que existe. Mira su júbilo en los Salmos cuando estos cantan del gobierno de Dios (p. ej., Sal. 47; 50:1-2; 104; 111). Dios es el legítimo rey sobre este cosmos, y lo ama.

Además, Jesús, como ser humano no caído, tiene en común con nosotros una naturaleza diseñada para reinar. No en vano, Él fue el "Cristo", literalmente el ungido para ser rey. Entre las primeras palabras que su madre oyó de un ángel que se le apareció en Nazaret estaban que Jesús gobernaría sobre Israel y sobre todo el universo, y que su reino sería eterno (Lc. 1:32-33). Es bueno que los reinos de este mundo lleguen a ser de nuestro Dios y de su Cristo (Ap. 11:15). Es más, eso es lo que toda la historia ha estado esperando (Is. 60:1-11; Ef. 1:10).

Satanás pretendió ser el guardián de esta herencia. Imitó la estructura de humillación antes de la exaltación que Dios había entretejido en el lienzo del cosmos. Por esto sugirió: "Humíllate delante de mí, y te exaltaré en el momento adecuado". El diablo manifestó: "A ti te daré toda esta potestad, y la gloria de ellos; porque a mí me ha sido entregada, y a quien quiero la doy" (Lc. 4:6).

El viejo y vano dragón se glorió una vez más en su propia vanidad, usando teatralmente el lenguaje que Dios utilizó acerca de sí mismo: "El Altísimo Dios tiene dominio sobre el reino de los hombres, y... pone sobre él al que le place" (Dn. 5:21). Nuevamente las palabras del diablo eran ciertas en parte. Ya que los gobernantes humanos originales cedieron su dominio a la serpiente, Satanás es ahora "el dios de este mundo" (2 Co. 4:4, NBV) y "príncipe de la potestad del aire" (Ef. 2:2). Los reinos del mundo están ahora bajo su dominio porque, al estar en pecado, "el mundo entero está bajo el maligno" (1 Jn. 5:19). Pero este reino de muerte es ilegítimo y parasitario. El cosmos mismo se rebela contra este poder siniestro, gimiendo porque los verdaderos herederos, "los hijos de Dios", se manifiesten en la resurrección (Ro. 8:19-21).

El poder de Satanás es doble. Incita el pecado humano gobernando a las personas a través de "los deseos de nuestra carne, haciendo la voluntad de la carne y de los pensamientos" (Ef. 2:3). Él se presenta como acusador de la humanidad, manteniéndola cautiva por medio del temor a la muerte y al juicio venidero (He. 2:14-15; Ap. 12:10).

Pero con la unión de una naturaleza divina y humana, Jesús fue más de lo que el antiguo déspota podía gobernar. Jesús no tenía la mente siniestra de sus hermanos y hermanas pecadores, ni historial de acusaciones en su contra. Sin una conciencia culpable a la cual acusar, Jesús pudo decir al acercarse a la cruz: "Viene el príncipe de este mundo, y él nada tiene en mí" (Jn. 14:30).

Al ofrecérsele un imperio, la sabiduría de Jesús cortó camino para identificar inmediatamente el problema a la mano: adoración. Su cita parafraseada de Deuteronomio 6:13-14 se dirigió al núcleo de lo que estaba ocurriendo: "Al Señor tu Dios adorarás, y a él sólo servirás" (Mt. 4:10).

El contexto del pasaje de Deuteronomio era exactamente el mismo de la visión de Jesús aquí en el monte. Dios habló a Israel sobre la tierra que iba a darles, un reino con gran gloria. El pueblo entraría "en ciudades grandes y buenas que tú no edificaste, y casas llenas de todo bien, que tú no llenaste, y cisternas cavadas que tú no cavaste, viñas y olivares que no plantaste" (Dt. 6:10-11). El peligro era que Israel viera esto simplemente como el estado normal de las cosas, y que olvidara que esta exaltación era una herencia, un regalo. Una vez que los israelitas creyeron que el reino vino por poder propio, buscarían más poder para mantenerlo. Eso significaría volverse a nuevas fuentes de poder... es decir, a dioses extraños. Y detrás de esos dioses se escondían los ángeles inmundos de la caída del Edén.

Cuando Eva, y luego Adán, pasaron de la palabra de Dios a creer la palabra de Satanás, actuaron como si Satanás pudiera ser el garante de la exaltación de ellos. Lo adoraron. La incredulidad de la caída no fue tan solo que la primera pareja comiera del árbol equivocado, sino que adoraron al dios equivocado y, por tanto, atacaron toda la estructura de la economía divina.

Cuanto más se alejaban los israelitas de su misericordioso rescate de Egipto, más mostraban el mismo instinto idólatra. El incidente del becerro de oro resume a la perfección la incredulidad del orgullo humano. El becerro fue hecho de oro, por supuesto, pero las Escrituras insisten en que, en primera instancia, reconozcamos de dónde había venido ese oro. Aarón había levantado una ofrenda de "los zarcillos de oro que están en las orejas de vuestras mujeres, de vuestros hijos y de vuestras hijas" (Éx. 32:2) Ahora bien, ¿de dónde vinieron esos "zarcillos de oro"? Los israelitas habían saqueado estas joyas de oro de sus tiranos egipcios, justo antes de salir en medio de la noche (Éx. 12:35). Lo hicieron bajo la dirección de la palabra de Dios. ¿Y cómo ocurrió? Fue porque "Jehová dio gracia al pueblo delante de los egipcios, y les dieron cuanto pedían" (Éx. 12:36).

Los israelitas usaron los mismos regalos que Dios les había dado como arma contra Él, lo que resultó ser el colmo de creerse con derechos y el colmo de la arrogancia. Desde luego, esto precisamente fue lo que nuestros primeros antepasados también hicieron. Dios creó el árbol del conocimiento del bien y el mal. Les dio vegetación para que el hombre y la mujer comieran. Sin embargo, ellos utilizaron el árbol como medio de insurrección y la vegetación como escondite de la comunión con Dios. En su orgullo habían olvidado que eran criaturas, súbditos e hijos e hijas. Cuando los israelitas danzaron alrededor del becerro de oro, y en todos los demás casos de adoración a algo que no fuera Dios, mostraron que amaban más su propio reino que a su Rey. Al ofrecer alabanza a algo creado y fabricado con aquello que tenían, "en las obras de sus manos se regocijaron" (Hch. 7:41).

Satanás estuvo dispuesto a renunciar a sus derechos territoriales a poseer los reinos de este mundo en parte porque sabía que no entregaría un reino, sino que más bien ganaría otro súbdito. Satanás sabía por milenos de experiencia que buscar el reino mientras rechazaba al Rey significaba perder el uno y el otro.

No en vano, en el deambular de Israel por el desierto, Dios había demostrado que ir tras dioses extraños significaba ser desheredados como el pueblo de Dios (Éx. 23:22-24; Dt. 30:17-20; Jos. 24:14-24). Además, Jesús habría sido descalificado del reinado. Por decreto divino, el rey no puede ser alguien autoexaltado (Dt. 17:20).

Esa fue la prueba que el antepasado de Jesús había superado con éxito en su estancia en el desierto. Mientras Saúl veía su reino como algo que debía proteger haciendo caso omiso a los mandamientos de Dios cuando estos parecían contradecir sus propios propósitos y su gloria (1 S. 15:9), David se negó a exaltarse forzando el reino al matar a Saúl (1 S. 24:1-22; 26:8-11). A pesar de las numerosas oportunidades, David se negó a sucumbir a la venganza o la sed de sangre porque confiaba en que Dios cumpliría su promesa de exaltarlo a su debido tiempo. Desde luego, el reinado de David finalmente se derrumbó porque ni siquiera él mismo pudo mantener humildad delante de Dios. En lugar de eso usó su posición como un vehículo para su propia satisfacción sexual y mantuvo su libertinaje por medio de engaño y asesinato para cubrir su pecado (2 S. 11:1-27).

A medida que Jesús se sumergía en todas esas historias, entendía lo que estaba sucediendo detrás del velo en todas ellas: anunciaban este mismo instante. Y todos esos actos orgullosos alarmantes en realidad tenían que ver con un solo aspecto: adoración al diablo. Eva fue llevada a verse como una mujer libre cuando decidiera comer del árbol. Pero fue engañada a creer, atribuyéndole valor a Satanás en lugar de valorar la palabra de Dios. Los israelitas creían que estaban asociándose con los dioses territoriales de las regiones que conquistaban. En el caso del becerro de oro, simplemente creyeron que estaban forjando una representación visible del Dios que habían conocido (por lo que identificaron el objeto como lo que los sacó de Egipto). Todo lo que pensaban que querían en sus idolatrías era poder, lluvia, cosechas, ganado sano y fertilidad. Querían ganar el reino y mantenerlo. Pero detrás de todo eso se inclinaban a "los demonios, y no a Dios" (Dt. 32:17). Detrás de todo el sincretismo religioso de los reyes de Israel, de sus intentos de exaltar sus propios nombres o de aferrarse a sus propios tronos, hay un denominador común: espíritus malignos en juego detrás de todo (1 R. 14:21-31; 15:25–16:34).

Satanás estaba pidiéndole a Jesús que exigiera la herencia ahora (exactamente el escenario que Jesús reprodujo en su historia del hijo pródigo). Quería que Jesús obtuviera el reino por medio de una palabra autodirigida, una palabra que en realidad había sido dictada por Satanás. Jesús entró a esta crisis a fin de expulsar la adoración demoníaca de la historia humana. Satanás intentó que Jesús se enorgulleciera y se autoexaltara, y no consiguió nada de eso.

Por definición, el orgullo es idólatra e insurrecto porque está arraigado en la ingratitud. Glorifica a la criatura contra el Creador y reclama derechos de herencia de los portadores de imágenes sin reconocer que tenemos estas cosas porque reflejamos una imagen, no porque seamos lo máximo (Ro. 1:22-23). Orgullo es el pecado principal porque ningún otro es posible sin creer que algún buen don de Dios es mío y solo mío a fin de usarlo para mis propósitos, para mi propio reino y gloria. Satanás intenta replicar en criaturas humanas su propia furia orgullosa por poder; eso es parte del reino que quiere para sí. Por eso el apóstol Pablo advierte a Timoteo que no ponga en un cargo de distinción a un recién convertido, "no sea que envaneciéndose caiga en la condenación del diablo" (1 Ti. 3:6).

La mayoría de nosotros sabemos que el orgullo y las ansias de posición son defectos de carácter. Nos irritamos cuando lo vemos en el fanfarrón autopromocionado que conocemos o en el narcisista en el cubículo al lado de nosotros. Sin embargo, observa que algunas de las personas más arrogantes que conoces se quejan de la gente arrogante. Rara vez vemos el satanismo del orgullo en nuestras propias situaciones.

Parte de eso se debe a cómo la humanidad caída normaliza el orgullo y la arrogancia. A pesar de todas nuestras fábulas y leyendas acerca de los peligros en eso —desde Ícaro hasta Frankenstein— nos acostumbramos a pensar en autoexaltación, al menos en algún grado manejable, como parte "normal" de liderazgo e iniciativa. En el mundo de los negocios existe toda una categoría de libros escritos por psiquiatras para ayudar a compañeros de trabajo y empleados a caminar alrededor de personalidades narcisistas, especialmente en supervisores o ejecutivos. Estos libros parecen decir: No puedes hacer nada en cuanto a la autoexaltación de tu jefe; solo trabaja con él asegurándote de que él crea que es suya toda idea que deseas implementar, y prepárate para que, si la idea falla, se diga que la culpa es de otra persona. Prepárate también para estar finalmente al margen, porque su círculo de personas "estúpidas", en última instancia, se expandirá hasta incluirte, afirman estos expertos. Así es como son las cosas.

A menudo, incluso en el ministerio cristiano se presentan estas mismas tendencias y se encubren en un simulacro de humildad. La autopromoción y el egoísmo son recompensados porque cuantos más cristianos alardean de su vida superior de oración, su investigación de vanguardia, su habilidad para hacer crecer iglesias o movimientos, más la audiencia tiende a creerlo. Por el contrario, la auténtica humildad cristiana a menudo parece apocada o no asertiva. En ocasiones la queja "a él le falta ambición" simplemente puede traducirse como "no se adora a sí mismo, y tampoco espera que lo hagamos". Cuando tantos líderes son orgullosos, se vuelve muy difícil para el alma convencida por el Espíritu discernir: "¿Soy orgulloso, o soy un líder?".

Con frecuencia se nos engaña para hacernos creer que la autoexaltación no es un punto débil para nosotros, porque no nos vemos clamando por poder o celebridad global. Pero *reino* y *gloria* siempre son términos relativos. A los poderes satánicos no les importa qué tamaño de reino quieras o qué cantidad de gloria es suficiente para que inclines la rodilla. Solo quieren verte adorar a alguien que no sea Dios para obtener lo que deseas. El filósofo William Irvine sostiene que "la mayoría de personas buscan fama y fortuna", solo que en maneras diferentes. Irvine escribe: "Si la fama universal las elude, buscan fama regional, renombre local, popularidad dentro de su círculo social, o distinción entre sus colegas. De igual modo, si no pueden amasar una fortuna en términos absolutos, buscan afluencia relativa: quieren ser materialmente mejores que sus compañeros de trabajo, vecinos, parientes y amigos".[3]

Para algunas personas, el deseo de autoexaltación significa fantasear frente a un espejo acerca de ser un músico de renombre mundial. Sin embargo, otras buscan el mismo tipo de renombre, solo que limitado al mundo de reparaciones de aires acondicionados en West Chester, Ohio. Algunos individuos quieren ser multimillonarios con villas en el sur de Francia. Otros solo quieren que sus vecinos los envidien porque su matrimonio se encuentra intacto y sus hijos aún están en la escuela. La cuestión no es el tamaño del reino; es lo que harás por conseguirlo. Para algunos es una meta futura y para otros es un reino y una gloria actual solo en recuerdo. Piensa en el hombre de mediana edad que fue atleta en el colegio y utiliza a sus hijos como una reencarnación indirecta de sus propias esperanzas frustradas. Piensa en la mujer que se apodera del proceso de preparación de la boda de su hija para recuperar el romance que le habría encantado tener.

Además, muchos de nosotros tendemos a clasificar al "orgullo" y

---

3. William B. Irvine, *On Desire: Why We Want What We Want* (Nueva York: Oxford University Press, 2006), p. 31.

la "búsqueda de posición" como algo que les sucede obviamente a las personas arrogantes. Es probable que pienses ahora mismo en alguien en tu vida que es "ese tipo", el sabelotodo arrogante que empieza toda frase con las palabras "en realidad…". Conoces lo que es oír a esa mujer en la tienda por departamentos que les dice a sus amigas: "Os veré dentro de un rato; sabéis que tengo que comprar algo en la sección de 'ropa pequeña'". No obstante, estas manifestaciones obvias no son los únicos aspectos del orgullo humano. Después de todo, esto es común a la humanidad (1 Co. 10:13). Independientemente de tu nivel de confianza en ti, ahora mismo estás lidiando con esta tentación, a menos que hayas sucumbido realmente a ella. La envidia es una forma de orgullo. No tienes que tener éxito en algo para ver los reinos y la gloria que crees que deberías tener, y que te consume por dentro. Algunas de las personas menos orgullosas que conoces —las que están paralizadas por la preocupación, la ansiedad o la indecisión— son las más orgullosas, y exactamente por las razones que crees que no lo son.

Nunca he tenido un tatuaje satánico, pero sí tengo marcas constantes de mi lucha contra el satanismo. Son reflejos amarillos en una vieja Biblia King James que mi abuela me regaló cuando cumplí doce años. A diferencia de la cruz invertida, esas no eran marcas de profanación sino de devoción. Yo estaba haciendo solamente lo que se supone que un adolescente bautista del sur debe hacer: llevar "a solas" un diario de oración y lectura bíblica, haciendo notas para mí. Pero detesto mirar algunos de esos versículos resaltados.

En casi todos los casos puedo recordar lo que estaba sucediendo en mi vida que me llevó a ser atraído al versículo particular destacado. Resalté "todo lo puedo en Cristo que me fortalece" (Fil. 4:13) porque me preocupaba mucho que fuera a fallar en la clase de geometría (pasé… con las justas). Cuando veo el resaltado sobre el versículo "todo lo que pidiereis al Padre en mi nombre, lo haré" (Jn. 14:13), recuerdo que estaba orando (y repitiendo "en el nombre de Jesús" después de cada frase para obligar a Dios a cumplir aquí su promesa) con el fin de que Él permitiera que esta chica en mi salón de clases se interesara lo suficiente en mí para que se convirtiera en mi novia (el Señor no lo hizo; y me alegro). El resaltado sobre 1 Samuel 16:7

("No mires a su parecer, ni a lo grande de su estatura… porque Jehová no mira lo que mira el hombre; pues el hombre mira lo que está delante de sus ojos, pero Jehová mira el corazón") se debió a que soy un hombre pequeño y esperaba llegar a tener la suficiente estatura para que me permitieran entrar al equipo de baloncesto (lo que sí sucedió).

Por supuesto, no hay nada de malo en orar a través de la Biblia por lo que te preocupa. Pero esos resaltados me recuerdan lo dominada que en ese tiempo estaba mi vida por la preocupación y la ansiedad. Yo no era en absoluto lo que alguien podría considerar orgulloso o arrogante (no lo creo, ¡aunque puede ser mi orgullo el que me impida verlo!), pero el orgullo y la exaltación en el marco de mi corta lectura bíblica se transformó en otras formas más pequeñas (y por tanto más peligrosas) de arrogancia y ansias de poder. Quería que mis pequeños reinos estuvieran seguros y al alcance de mi mano, y cuando no parecían estarlo, me alteraba, o más bien, me indignaba.

En ocasiones, el reino con el que Satanás está matándote no es aquello que disfrutas, sino lo que te preocupa. No obstante, Jesús estaba libre de adoración al diablo porque se hallaba libre de preocupación. Entendía tanto el cuidado de su Padre como el hecho de que la exaltación debe venir "cuando fuere tiempo" (1 P. 5:6), un tiempo que no eliges. Jesús nos ha dicho que incluso al observar el mundo natural (los ecosistemas de aves, plantas y campos) podemos ver un ícono de herencia divina: "Ni aun Salomón con toda su gloria se vistió así como uno de ellos" (Mt. 6:29). Ya no debes tratar de aferrarte al poder o la gloria (Dios está preparándotelos gratis); por el contrario, debes ser libre para buscar "primeramente el reino de Dios y su justicia, y todas estas cosas os serán añadidas" (Mt. 6:33).

El deseo hacia la autoexaltación también puede manifestarse en la facilidad con que te ofendes. Refiriéndose a los modelos psicológicos del narcisismo clínico, el ensayista David Brooks señala que la autoimagen es para el narcisista "el bendito centro de todo lo sagrado y correcto". Esto afecta entonces el modo en que el narcisista recibe las críticas y las ofensas personales. Brooks escribe: "Si alguien lo trata con desprecio, el narcisista percibe eso como un ataque deliberado y atroz. Si alguien le amenaza la reputación, él considera esto como un acto de blasfemia".[4] Blasfemia es precisamente la palabra correcta. La razón por la que la ofensa se vuelve tan obsesiva es que resulta ser un ataque contra el dios y el reino del individuo: la autoimagen. Cuando adoramos a Dios en lugar de a nosotros mismos, descubrimos que el amor de Cristo "no se enoja fácilmente", sino que más bien "no lleva cuenta de las ofensas" (1 Co. 13:5, PDT).

Jesús sabía que iba a recibir los reinos de este mundo y toda su gloria. Y sabía cómo los iba a recibir: no por medio de algún conocimiento secreto ni de una estrategia astuta, y sin duda no por encontrar un dios substituto. Jesús conocía la promesa que Dios le había hecho a David acerca del Hijo del rey: "Pídeme, y te daré por herencia las naciones, y como posesión tuya los confines de la tierra" (Sal. 2:8). El salmista cantó la promesa de Dios para el Rey davídico: "Me clamará: Mi padre eres tú, mi Dios, y la roca de mi salvación. Yo también le pondré por primogénito, el más excelso de los reyes de la tierra" (Sal. 89:26-27). Jesús sabía que el reino que ansiamos no viene a través de nuestros designios, sino al pedir: "Venga tu reino. Hágase tu voluntad, como en el cielo, así también en la tierra" (Mt. 6:10).

Esto es así porque el reino venidero no puede estar ocupado por los orgullosos. Por definición, el reino está dirigido hacia otros. Dios el Padre exalta el nombre del Hijo, edificándole un reino (2 S. 7:13-14) y poniendo a todos sus enemigos debajo de sus pies. Jesús el Hijo lucha por el reino para entregárselo a su Padre, "para que Dios sea todo en todos" (1 Co. 15:28). El Espíritu llama a los súbditos del reino y alimenta las oraciones para el reino, a fin de que el Cristo de Dios sea magnificado (Jn. 14). En todo caso, el reino de Dios es dirigido hacia otros, no es individualista.

En este reino venidero no entrará nada satánico (Ap. 21:27). Isaías anunció: "La altivez de los ojos del hombre será abatida, y la soberbia de los hombres será humillada; y Jehová solo será exaltado en aquel día" (Is. 2:11). Dios se opone activamente a los soberbios (Stg. 4:6). Jesús sabía que, si se arrodillaba ante Satanás, sería descalificado de la herencia, ya que ninguna adoración idolátrica entrará en el reino de

---

4. David Brooks, "The Gospel of Mel Gibson", *New York Times*, 16 de julio de 2010, A27.

Dios (1 Co. 6:9-10). En cambio, los "mansos" serán los que heredarán el universo (Sal. 37:11; Mt. 5:5). Pero "manso" no significa apocado. En su tercera tentación, Jesús se negó de plano a ser humillado. La antigua profecía era cierta: "No lo sorprenderá el enemigo, ni el malvado lo humillará" (Sal. 89:22, RVR1977). Jesús sabía que Dios lo exaltaría precisamente porque se humilló ante los buenos propósitos de su Padre (Is. 52:13; Fil. 2:8-9). Jesús se arrodillaría ante su Padre, pero no ante nadie más.

Puesto que Dios está en guerra contra Satanás y los poderes ocupantes de este universo, no tenemos más opción que crucificar nuestra construcción de reinos. Si estás fuera de Cristo, Dios perseverará pacientemente contigo, ofreciéndote otra dirección. Pero si persistes, tu reino (sea lo que sea), se derrumbará a tu alrededor en muerte. La escritura está en la pared (Dn. 5:1-30).

Si estás en Cristo, Dios no permitirá que entres a su reino con un orgullo que ambicione tu propio reino. Serás despojado de toda mirada altiva y de todo imperio personal, para que puedas entrar como un niño pequeño en busca de la herencia de un Padre. Esto vendrá o bien por medio de arrepentimiento personal y aprendiendo a humillarte, o bien mediante el hecho de que Dios te humille a través de obrar en tu vida para derribar tu imperio a fin de que puedas ser hallado en el reino divino.

Entonces, el Espíritu nos aplica ahora exactamente la misma mente del Cristo del desierto. Ya que ese es el caso, la Biblia nos ordena: "Nada hagáis por contienda o por vanagloria; antes bien con humildad, estimando cada uno a los demás como superiores a él mismo" (Fil. 2:3). Si el gobierno futuro y la gloria futura están delante de nosotros, ¿por qué entonces conformarnos con ser el futuro cadáver más aclamado en nuestro pequeño rincón del mundo?

Esta humildad que contrarresta lo satánico puede verse primero en cristianos que aprendemos a abandonar la sensación de desesperación que sentimos cuando perdemos el "control" de nuestras vidas, nuestras expectativas, nuestras familias, nuestras iglesias, nuestra nación. No sé cuál sea tu trampa personal para la construcción del reino. Para mí, la tentación satánica estuvo en tener hijos. Cuando mi esposa y yo nos casamos, me hallaba absolutamente aterrado de que se embarazara "demasiado pronto". Yo tenía toda clase de planes para mi educación y ministerio, y no creí que pudiéramos "darnos el lujo" de tener hijos por un tiempo. Finalmente llegó el día en que me hallaba "listo" para ser padre. Maria y yo tomamos la "decisión" y celebramos alrededor de la mesa. Fue casi como un compromiso. Pero no pasó nada. Gracias a Dios.

Es fácil para mí hablar de dos adopciones y dos nacimientos... cuatro niños que llegaron después. Pero si hubiéramos concebido de inmediato, yo habría sido un padre miserablemente malo. Habría visto a esos niños como una simple extensión de mí mismo y de mis planes para el futuro. Lo sé por la forma en que reaccioné a los años de infertilidad y aborto involuntario. Aunque nunca lo habría expresado de este modo, en realidad me sentía como si Dios estuviera quitándome algo. Él estaba quitándome la vida "normal" que yo me había trazado. Es más, estaba quitándome mi dios, el dios de un futuro autodirigido. Y detrás de todo eso había un espíritu de reptil. No sé lo que se te está ofreciendo ahora mismo, pero o te rindes o te derrumbas junto con eso. Lo que sea que te preocupe te llevará a lo que adorarás. Y de lo que adores dependerá tu destino.

La humildad abnegada debería aparecer en la manera en que adoramos juntos. Gracias a Dios, en estos días no escuchamos tanto sobre las guerras de adoración en las iglesias cristianas como oíamos algunos años atrás, pero todavía están allí. Durante años pensé que este fenómeno era el azote de "inventar sobre la marcha" en el torbellino las iglesias evangélicas que no dan tanta importancia a la estructura y, en general, así es. Pero incluso con una liturgia tradicional establecida, los católicos romanos y otros grupos a menudo experimentan los mismos tipos de tensiones.

Quizás seas como yo, criado para tener los gustos musicales de adoración de una mujer de setenta y cinco años. Creo que eso se debe a que una mujer de setenta y cinco años escogía los himnos y cánticos evangélicos en la iglesia donde me crie. Lloro cuando canto "Tal como soy" o "A Dios sea la gloria". Y me dejan sin aliento lo que algunas personas llaman los "majestuosos himnos antiguos". Suenan como lo que escuchaban los episcopales de Connecticut mientras comían un sándwich de berro (no es que haya algo malo en eso). Y muchas de las canciones contemporáneas suenan como si las hubieran compuesto escritores de anuncios comerciales, tratando con desesperación de hallar palabras que rimen con "Jesús" ("¿autobús?", "¿Emaús?", "¿patatús?"). No estoy diciendo que la estética no importe en adoración. Al fin y al cabo, tenemos la orden de ofrecer la adoración con "temor y reverencia" (He. 12:28). Estoy diciendo que nuestras diversas críticas de las formas musicales a menudo solo representan simple narcisismo disfrazado de preocupación por la degradación teológica y litúrgica. Necesitamos más guerras de adoración, no menos. Imagina este tipo de guerra en tu congregación: Los jóvenes solteros solicitan a la iglesia que se toquen más clásicos antiguos por el bien de los ancianos, y los ancianos solicitan al liderazgo que contemporicen la música por el bien de los nuevos creyentes jóvenes. Esto indicaría que tener en cuenta a otros es más importante que pensar en nosotros mismos (Fil. 2:3), lo cual viene del Espíritu del Rey humillado y exaltado: Cristo (Fil. 2:5-11).

Cuando insisto en que el resto de la congregación actúe como cantantes de apoyo en mi pequeño y nostálgico desfile de himnos conocidos de Mississippi, adoro en el espíritu, es verdad, pero no en el Espíritu Santo. Estoy adorándome yo mismo, en el espíritu de autoexaltación. La iglesia niega el poder de la tercera tentación cuando nos recordamos que todos tenemos esta tendencia diabólica y la desechamos, al planificar ya sea adoración, misiones o decisiones presupuestarias.

Aquellos que observan tales cosas nos dicen que el alma narcisista tiene una carencia básica de empatía, una incapacidad de sentir lo que otra persona siente o incluso de ver al otro excepto en términos de una extensión de uno mismo. Al final de su malignidad, el alma autoexaltada grita las palabras blasfemas de Satanás: "Yo, y nadie más" (Is. 47:10; Sof. 2:15). Pero Narciso se ahoga en las aguas bautismales. Cuando renunciamos a nuestros propios anhelos de poder y gloria, encontramos nuevo poder y nueva gloria en Cristo. Adoramos a Dios y dejamos que nuestros reinos se desplomen. Para que venga la Cristocracia debemos crucificar las "ego-cracias".

UN ASUNTO DE MISIÓN

¿Por qué Satanás estaría dispuesto a negociar su imperio por treinta segundos de adoración? Sin duda las otras dos tentaciones no le costaban nada al diablo. Esta se encuentra condicionada a su renuncia de lo que más ansía: poder y gloria. ¿Y por qué Jesús no pudo simplemente reconocer el gobierno legítimo de Satanás sobre quienes tienen su filiación, una renuncia momentánea de honor para engañarlo y alejarlo de su primogenitura ilegítima? A fin de cuentas, en otra parte Jesús reconoce a Satanás como "el príncipe de este mundo" (Jn. 12:31). La razón misma por la que Jesús apareció fue "para deshacer las obras del diablo" (1 Jn. 3:8). Jesús pudo haber destruido tales obras arrodillándose por un momento, ¿verdad? La respuesta se encuentra no solo en la cita de Jesús acerca de la adoración exclusiva a Dios, sino también en su declaración preliminar: "Vete de mí, Satanás".

La palabra *Satanás* significa "adversario". La pregunta natural es: "Adversario de qué?". Por supuesto, el diablo es el adversario de todos los propósitos de Dios. Es el adversario de todo el pueblo de Dios. Pero, ¿dónde encuentran los propósitos de Dios para su pueblo y para el universo su punto máximo de desarrollo? Lo encuentran en el evangelio de una cruz ensangrentada y una tumba vacía. Jesús usó el nombre propio "Satanás" en la misma forma en que lo haría más tarde, cuando parecía que el malvado no estaba presente en absoluto. Pedro, el seguidor del Señor, dijo cuando oyó a Jesús hablando de su próximo arresto y ejecución que no permitiría que tal desgracia sucediera. Debo admitir que eso me parece muy encomiable. Si yo reflexionara en voz alta en la posibilidad de que me asesinaran, me gustaría que mis amigos dijeran algo como "Ten compasión de ti; en ninguna manera esto te acontezca". Sin embargo, cuando Pedro hizo esto, Jesús expresó las palabras: "¡Quítate de delante de mí, Satanás!" (Mt. 16:21-23). ¿Por qué?

Fue porque Jesús habló a otra voz detrás de la de Pedro. El discípulo quería proteger el reino de Jesús eludiendo la cruz. En esa evasión de la crucifixión, Jesús escuchó algo que había oído antes, algo satánico en el fondo. Lo que estaba en juego en la tercera tentación era el evangelio.

Piensa en las implicaciones de este ofrecimiento. Si Jesús lo hubiera aceptado, Satanás habría entregado su reino de terror. Jesús podría haber dirigido los reinos del mundo como quisiera. No se abortarían más bebés. No morirían más mujeres durante el parto. Terminaría inmediatamente toda esclavitud humana, todo genocidio, toda enfermedad, toda pobreza, toda tortura y toda catástrofe ecológica. Las filas y filas de cruces a lo largo de los caminos del Imperio romano desaparecerían al instante. Nunca habría un Nerón, Napoleón, Hitler o Stalin, o al menos nunca escucharías la infamia de tales nombres. No habría un mundo de tribunales de divorcio, de clínicas de aborto, sillas eléctricas ni imágenes pornográficas. Cualquier cosa que te preocupa ahora mismo habría desaparecido, siglos antes que fueras concebido. Esto parece el paraíso.

Satanás estuvo dispuesto a entregar todo esto porque no teme al cristianismo. Ciertamente no tiene miedo a los "valores cristianos". Satanás teme a Cristo. Recuerda que Satanás tiene poder solo a través de acusación y condenación. Mientras no haya sacrificio expiatorio por el pecado, Satanás está dispuesto a permitir conformidad con la ley externa, incluso a que la ley de Cristo gobierne visiblemente sobre las naciones desde Jerusalén. El acusador simplemente quiere tener la oportunidad de procesar sus supuestos poderes de suplantación humana delante del tribunal de juicio, sin que se derrame sangre para redimirlos.

Esto es lo que los seguidores de Jesús no pudieron entender mientras Él avanzaba por los caminos romanos hacia el lugar de la calavera. Fue allí, y solo allí, mientras Jesús llevaba sobre sí los pecados del mundo, que pudo decir: "Ahora es el juicio de este mundo; ahora el príncipe de este mundo será echado fuera" (Jn. 12:31). Es solo en su triunfante resurrección de las garras demoníacas de la muerte que Jesús pudo haber sometido a su gobierno a "ángeles, autoridades y potestades" (1 P. 3:21-22). Un cristianismo sin cruz no es solo un cristianismo defectuoso; es el mismo satanismo antiguo de esfuerzo humano.

El mandato apostólico era entonces "no saber entre vosotros cosa alguna sino a Jesucristo, y a este crucificado" (1 Co. 2:2). Desde luego, los apóstoles hablaron de muchas otras cosas además del mensaje básico del evangelio: liderazgo de la iglesia, orden familiar, sexualidad, vida del cristiano en la sociedad y el mundo mercantil, etc. Pero todo eso estaba en el contexto de la historia general del universo: la liberación del mundo de la acusación de Satanás que Dios haría a través de la sangre expiatoria y la vida actual de Jesucristo. Por eso es que los apóstoles rechazaron las bases personales del poder, lo que la subcultura contemporánea evangélica llamaría "estigmatización" para sí mismos. Con cierta clase de sarcasmo desesperado, Pablo preguntó a la iglesia que buscaba celebridad en Corinto: "¿Fue crucificado Pablo por vosotros?" (1 Co. 1:13).

En cada generación, la iglesia enfrenta teologías de liberación, tanto de izquierda como de derecha, que evaden la cruz. La teología de liberación de izquierda quiere un Barrabás que luche contra los opresores, como si el problema final fuera el reino de Roma y no el reino de la muerte. La teología de liberación de derecha quiere, en cambio, que un becerro de oro represente la religión y los "valores tradicionales" en la plaza pública, y que nos recuerde toda la seguridad económica que podríamos tener en Egipto. Ambas teologías desean un césar o un faraón, no un Mesías.

Siempre estaremos tentados a evitar el problema detrás de los problemas: cautividad al pecado, esclavitud a las acusaciones de los poderes demoníacos, sentencia de muerte. Donde no hay evangelio, algo más llenará el vacío: terapia, consumismo, resentimiento racial, política utópica, teorías locas de conspiración de izquierda, teorías locas de conspiración de derecha… cualquier cosa servirá. Donde se predica algo que no es Cristo, no hay libertad. Puede haber gritos de afirmación o silenciosos asentimientos de cabeza. Puede haber políticas de izquierda o políticas de derecha. Puede haber psicoterapia culturalmente liberal o psicoterapia culturalmente conservadora. Puede haber casi cualquier cosa que la gente crea que quiere, pero solo hay juicio en el aire.

Al diablo no le importan los "valores familiares", si lo que valores sobre todo sea la familia. A Satanás no le importa la "justicia social", siempre y cuando veas la justicia como algo principalmente social. Satanás no tiembla ante una "visión cristiana del mundo", mientras tu objetivo final sea ver el mundo. A Satanás ni siquiera le importan los cristianos nacidos de nuevo, siempre y cuando el nuevo nacimiento se predique aparte de la sangre de la cruz y la vida de la resurrección.

Pastor, a Satanás no le importa si predicas con fervor y pasión sobre los decretos de Dios, reconciliando todas las tensiones entre soberanía y libertad, siempre y cuando no prediques el evangelio.

Mamá que educas a tus hijos en casa, a Satanás no le importa si tus críos pueden recitar el catecismo y traducir el "Himno de batalla de la república" del español al latín, mientras no escuchen el evangelio. Iglesias, a Satanás no le importa si tu gente vota por candidatos a favor de la vida, si permanecen casados, si tienen relaciones sexuales con quien se supone que deben tenerlas y si cantan los himnos clásicos, mientras no vean el único poder que cancela nuestra condenación: el evangelio de Cristo crucificado. Por tanto, Satanás teme ese evangelio, y estuvo dispuesto a rendir todo su imperio con el único propósito de evitarlo. Aún lo está.

Decir que un testigo realmente cristiano debe ser crucificado no es afirmar que nuestro testimonio deba encajar perfectamente en las categorías que algunos considerarían "espirituales". Tan regular como la lluvia en la historia de la iglesia, emerge otro ciclo de cristianos politizados utópicamente, sean de derecha o de izquierda. Y con la misma regularidad, la próxima generación está desilusionada con el orgullo desmedido de todo esto y con los resultados inevitablemente decepcionantes. Luego exigen retirarse del compromiso social y político. Dicen que deberíamos tan solo predicar el evangelio. Al tratar con desesperación de demostrar que no son sus padres, estos cristianos que creen en el "solo evangelio" rechazan las preocupaciones por la justicia pública o la conciencia social, ya sea como guerras culturales o evangelio social. En algunos casos tienen razón acerca de los particulares de sus críticas, pero el aislamiento separatista de estos movimientos de "solo evangelio" no escapa a la tercera tentación. Sucumben de manera vigorosa, solo que desde otra dirección.

Las iglesias "apolíticas" en la historia son típicamente las más políticas de todas, a pesar de ellas mismas. Los líderes blancos que exigían una "espiritualidad de la iglesia" despolitizada en la era de esclavitud estadounidense no evitaban el poder mundano. Lo adoptaban. Las iglesias de "simple predicación del evangelio" del sur de Estados Unidos que estaban a favor de la segregación no querían hablar de algo tan político como una posición sobre las leyes del linchamiento o del Ku Klux Klan y apoyaban la estructura de poder racista que las beneficiaba. No trascendían el poder carnal que las rodeaba; tan solo se negaban a enfrentarlo, optando por predicar sobre asuntos de moralidad "personal" como beber, bailar y jugar cartas mientras los cadáveres de sus vecinos negros colgaban en sogas afuera en los árboles. El camino a Damasco no es diferente del de Jericó. La predicación de amar al prójimo no es incidental en la proclamación del evangelio, como si fuera alguna clase de implicación secundaria del evangelio. Después de todo, Jesús contó la historia del samaritano que se hizo cargo de su prójimo asaltado y golpeado dentro del contexto de un líder religioso que estaba "queriendo justificarse a sí mismo" (Lc. 10:29). Ese individuo evadió su propio pecado haciendo precisamente lo que el diablo hizo con los mandatos de Dios, interpretándolos según su propia conciencia: "¿Quién es mi prójimo?". ¿Debemos reprender a Jesús por descuidar el evangelio por el ministerio social? Dios no lo quiera. Jesús estaba señalando las mismas raíces del pecado humano, contrastándolo con la justicia divina. No existe evangelio aparte de eso.

Al tratar de preservar el evangelio de que sea demasiado grande, algunos cristianos lo debilitan y evitan la cruz con la misma seguridad, si no más, que sus primos activistas cristianos súper políticos. El evangelio no puede entenderse sin una conciencia de pecado. Predicar el evangelio significa definir qué es y qué no es el reino de Dios, y definir como rebelión aquello a lo que Dios llama rebelión. El pecado incluye lo que a veces desestimamos como intereses sociales o políticos, tales como salarios injustos de los trabajadores (Lv. 19:13; Dt. 24:15; Stg. 5:4-5), usura (Lv. 25:35-37; Neh. 5:6-10), abuso de la tierra (Jer. 2:7; Os. 4:1-3) y maltrato a los pobres, los ancianos, los forasteros, las viudas y los huérfanos (Éx. 22:22; Dt. 10:18; Ez. 16:49; Zac. 7:10; Stg. 1:27).

Es verdad que, en muchos casos, las Escrituras no nos dan un plan detallado de cómo tratar esas inquietudes a nivel social o gubernamental. Permitimos entonces que los cristianos formen en conversación sus propias conciencias sobre el curso más prudente. Pero eso no significa que podamos simplemente descartar tales cuestiones como tangenciales a nuestra inquietud principal. Los cristianos tienen opiniones diferentes sobre si el divorcio y el nuevo matrimonio se permiten, y cuándo, o sobre si los métodos anticonceptivos o la masturbación son éticamente aceptables. ¿Decimos entonces simplemente: "No vamos a meternos con el matrimonio o la sexualidad, y nos mantendremos enfocados en el evangelio"?

Un adúltero que no quiere arrepentirse de su adulterio desafía el evangelio. Un traficante de niños que se niega a arrepentirse de su tráfico infantil desafía el evangelio. Alguien que roba la propiedad ajena, ya sea por medio de coerción o envenenando el agua en ella, y que no quiere arrepentirse de maltratar a su prójimo desafía el evangelio. El evangelio no solo proclama: "Tus pecados son perdonados"; también expone la respuesta a la pregunta: ¿quién es mi prójimo? El evangelio margina el poder de cada sociedad, cada estado y cada persona, anunciando los criterios para el juicio.

Si nuestra misión se centra en la cruz, seguiremos abordando intereses sociales y políticos, pero lo haremos sin preocuparnos por el poder o la influencia que tengamos. Esto significa cierta distancia profética de los poderes existentes. ¿Has notado alguna vez que en nuestro contexto actual las categorías sociales y políticas son muy rígidas y previsibles, aunque las coherencias internas se mantengan cambiando? Originalmente los progresistas eran "pro vida", y los conservadores eran "anti guerra", pero a medida que pasa el tiempo y personas diferentes llegan al poder, la situación cambia. ¿Por qué los testimonios cristianos se transforman tan a menudo junto con las evoluciones políticas? ¿Por qué se espera que los evangélicos preocupados por la pobreza minimicen el problema del aborto (aunque insistan en que siguen siendo pro vida)? ¿Por qué se espera que los evangélicos preocupados por la vida de los no nacidos estén previsiblemente alineados con cualquier cosa que en el momento se considere "conservadora" respecto a cualquier tema, desde el salario mínimo hasta la tortura de los combatientes enemigos? ¿Por qué se supone que las personas que se preocupan por conservar la ecología del planeta se queden calladas en cuanto a la preservación de una ecología moral saludable de la familia natural y en cuanto al matrimonio intacto?

Sospecho que esto se debe a que hacer cualquier otra cosa marginaría a estas personas el acceso al nivel de élite, es decir, quienes les otorgan la influencia que necesitan para seguir teniendo un lugar en la mesa. Una vez hechas las alianzas, los aliados adoptan el enfoque de "el enemigo del enemigo es mi amigo". Parece que en la raíz se encuentra la búsqueda del reino y la gloria, accesibles al unir el equipo correcto y afirmar el poder dentro de las reglas de la narración interna de ese equipo. Es difícil ver que esto haya fortalecido la credibilidad de los testimonios cristianos en prácticamente cualquier ámbito.

Sin embargo, cualquiera que sea la voz profética que ofrezcamos, debe ser con el propósito del evangelio del reino, no de ganar (o conservar) influencia con todos los poderes (sociales, políticos, intelectuales, culturales) a los que queramos impresionar. Por tanto, no es suficiente condenar el racismo. Debemos amar tanto al partidario de la supremacía racial como para llamarlo al arrepentimiento, a fin de ofrecerle perdón a través de la sangre de Cristo. No es suficiente trabajar para acabar con el aborto. Debemos demostrar a las mujeres que han abortado que no hay condenación para ellas, ninguna, si están escondidas en Cristo. No es suficiente cuidar a los huérfanos, las viudas, los ancianos y los pobres. Debemos hacerlo mientras ofrecemos a todo el mundo la oportunidad de encontrar un hogar en un reino conformado por aquellos que están cojos, ciegos y perdidos.

La misma dinámica se aplica cuando se trata de la preocupación de la iglesia por la influencia cultural. Algunos cristianos han determinado con razón que al mundo lo moldea más la cultura que la política. Algunos han intentado movilizar el testimonio cristiano desde el experimento fracasado de un bloque de votantes hasta una presencia encarnada en las artes visuales, la música, la danza, el cine, etc. Estos cristianos intentan transcender la era auto referencial y consumista de un "arte cristiano" a menudo cursi. En la medida que esto faculte al pueblo de Cristo a amar a Dios y al prójimo, y a amar lo que Dios ama, incluso la belleza, esto debería elogiarse. Pero la tercera tentación siempre estará a la vuelta de la esquina. Habrá la tentación de ver la aclamación artística en los mismos niveles más elitistas como una manera de distinguirnos de la plebe en nuestras iglesias. Hay incluso quienes han sugerido que los cristianos se muevan en masa hacia los epicentros culturales, Nueva York y Los Ángeles, con el fin de cambiar la cultura.

Sí, necesitamos cristianos en Nueva York y Los Ángeles, y debemos cultivar a aquellos dotados para que trabajen en las artes en tales lugares. Pero no necesariamente hace falta el aplauso de Madison

Avenue y Hollywood, y probablemente no lo obtendremos. También deberíamos evitar el rechazo a lo que la cultura reinante desecha, como los pueblos y las culturas rurales.

Además, el arte realmente más transformador casi nunca es recibido por la cultura ambiental en la vida del artista. Y el arte transformador no siempre proviene de expertos de la élite y poderosos de la cultura. Pensemos. por ejemplo, en los esclavos espirituales, la música de los Apalaches y los disidentes de la literatura rusa. Debemos cultivar influencia cultural en la misma forma en que los apóstoles cultivaron cristianos entre la Guardia Pretoriana y la aristocracia. Pero al mismo tiempo debemos recordar que, en su mayoría, los mismos apóstoles no eran "formadores de cultura" sino pescadores comerciales y contratistas de bajo nivel en el gobierno. El movimiento cristiano que conformó las culturas de imperios, reinos y naciones no se constituyó inicialmente de muchos que fueran nobles, poderosos o incluso respetables (1 Co. 1:26).

Siempre hay, especialmente en mi ala de cristianismo conservador, quienes obtienen una audiencia con una lamentación pesimista tipo "¿No es horrible?" en cuanto al futuro de los testimonios cristianos. Por lo general, cuando se le arranca la parte esencial del argumento, se trata de una pérdida de influencia para la iglesia, lo que debería interpretarse como pérdida de poder y gloria. Algunos dicen que llegará el día en que los Estados Unidos cristianos no podrán contar con donantes multimillonarios para financiar todos nuestros ministerios y monumentos. Afirman que los dirigentes cristianos serán demasiado "radioactivos" para ser invitados a la Casa Blanca. Los políticos no buscarán nuestras opiniones ni solicitarán los directorios de nuestras iglesias para campañas de correo directo. Si de eso es que tratan los Estados Unidos cristianos, entonces que se derrumben. O mejor aún, que sean crucificados. Perdamos esa clase de influencia para poder buscar primeramente el reino de Dios y el poder contracultural y la gloria que lo acompañan.

Pero el futuro de la Iglesia de Cristo es esperanzador, en realidad emocionante. Donde el evangelio se predica, donde toda la historia de las Escrituras se resume en Cristo, donde la reconciliación se ejemplifica, allí Jesús edificará su Iglesia. Y la gente hallará autenticidad, plenitud y liberación. Sin embargo, como Dios siempre hace, levantará a los humildes y derribará a los altivos. Tal vez por eso es que el cristianismo más vital se encuentra en el llamado Tercer Mundo, con creyentes demasiado inmovilizados por la persecución como para caer en la adoración del poder, sea de la clase de los revolucionarios codiciosos o de los celosos consumistas.

El primer paso de cualquier tipo de compromiso cristiano con el mundo exterior es centrarse entonces en el lugar primordial del reino de Cristo: su Iglesia. Amenazamos a los "principados y potestades en los lugares celestiales" por medio de nuestra vida juntos, siendo la clase de comunidad alternativa que demuestra que la sangre de Cristo ha triunfado al convertir en una nueva realidad en Cristo a quienes se oponían (Ef. 3:9-12).

La Biblia dice que, cuando Jesús salió de las tentaciones en el desierto, regresó a Galilea (Mt. 4:12-16; Lc. 4:14), a la pequeña comunidad atrasada que había sido la total antítesis de los reinos y la gloria que acababa de ver en la visión satánica. Y desde allí anunció el inicio de un nuevo reino (Mt. 4:15-17; Lc. 4:16-22).

¿Qué implicaría que las estructuras de liderazgo en nuestras iglesias no fueran tan previsibles como las estructuras de liderazgo de todas las demás organizaciones en nuestras comunidades? ¿Qué diría el mundo exterior si vieran en las fotos de nuestras publicaciones cristianas a personas que la industria publicitaria rechazaría por ser demasiado gordas, llenas de espinillas o demasiado torpes? ¿Qué pensarían nuestros vecinos al ver que nuestro director de diáconos tiene síndrome de Down o que un conserje de salario mínimo es el mentor del ejecutivo millonario de la cadena de hoteles donde limpia los baños? Parecería terriblemente extraño. Pero no parecería más extraño que un vagabundo del desierto, hambriento y sin hogar, rechace la oportunidad de gobernar el mundo.

Conclusión

Jesús le dijo al diablo: "Vete", y este se fue. Mateo nos declara simplemente: "Le dejó" (Mt. 4:10-11). Pero no se fue para siempre. El antiguo espíritu acechó repetidas veces en el relato de los evangelios, y a su debido tiempo entró en uno de los seguidores del Señor, iniciando la senda de la crucifixión. Esa crucifixión dependió de esos segundos en el desierto en que el galileo se negó a inclinarse ante un reptil. Jesús rechazó la gloria y el poder porque se dirigía a una cruz. Y también tú. Quizás creas que no tienes mucho poder, seguramente no la clase de poder que a veces desearías tener. Pero si estás en Cristo, eres un emperador galáctico en preparación. Se te está conformando y te encuentras madurando para reinar con Cristo desde su trono (Ap. 2:26-27). Tu actual permanencia en este tiempo de tentación y sufrimiento es una especie de campamento de entrenamiento. Si eres fiel en lo poco, se te dará autoridad sobre cosas grandes (Mt. 25:23).

Pero sin importar lo poderoso y normal que parezca ahora, el ego autoexaltado no puede entrar en el reino de Dios. El narcisismo es satanismo. La autoexaltación es adoración al diablo. El poder de Satanás solo representará un abrir y cerrar de ojos, y ese tiempo está acortándose (Ap. 12:12). El poder de la cruz no simplemente reemplaza nuestra búsqueda de poder con un nuevo nicho para el poder. Nuestras ansias por desarrollar un reino personal no solo son contraproducentes, sino demoníacas en su origen. No tienes que arañar ni conspirar por poder y gloria. En Cristo, Dios está preparándote para más poder y gloria de lo que puedes comprender ahora mismo. Jesús nos declara: "No temáis, manada pequeña, porque a vuestro Padre le ha placido daros el reino" (Lc. 12:32).

Los poderes satánicos están observándote. Vigilan tu vida para ver qué te llama la atención, qué infla tu ego. Evalúan qué clase de Babilonia quieres edificar para ti, y se asegurarán de que la obtengas. Satanás es tan ambicioso como tú por tus metas, y quizás más. Te dará el poder que deseas, la gloria que ansías, siempre y cuando te arrodilles y obtengas todo eso a su manera. A los poderes del mal no les importa que seamos respetados, influyentes, morales o conservadores, mientras prefiramos ser magnificados antes que crucificados. A Satanás no le importa si nuestros valores están del lado correcto, mientras nuestras cruces estén patas arriba.

6

DONDE NO VIVEN LOS MONSTRUOS

Por qué puedes resistir la tentación
(especialmente si no puedes ver cómo)

Si alguna vez pasas por la acera de mi casa y escuchas a cuatro jovencitos (y un adulto) aullando adentro como animales, me adelantaré y te lo diré ahora, no te alarmes. Eso solo significa que es el tiempo de devoción familiar en nuestro hogar. En casa, nuestra adoración familiar no está muy estructurada, y por supuesto, no es muy solemne. Mis hijos y yo luchamos, contamos historias, escuchamos las Escrituras, oramos unos por otros y luego, en algunas noches especiales, después de nuestra lectura bíblica, sacamos del estante un libro que ha sido el favorito de mis hijos desde que eran bebés, y todo se vuelve alboroto.

Tan pronto como empiezo a leer *Donde viven los monstruos*, de Maurice Sendak,[1] mis hijos se quedan callados. Han escuchado esta historia desde que eran bebés, acerca de un niño como de su edad llamado Max a quien envían a su alcoba por decirle a su madre que se la va a comer. Los chicos empiezan a moverse en sus asientos a medida que oyen que la alcoba de Max se convierte en un bosque, y que escuchan del encuentro que tiene con "monstruos" espeluznantes que muestran los dientes. Los chicos saltan y aúllan junto con las

---

1. Maurice Sendak, *Donde viven los monstruos* (Nueva York: HarperCollins Español, 1996).

criaturas cuando escuchan una vez más sobre las aventuras de Max en esa tierra lejana. Por lo general, antes que yo pueda incluso llegar al texto en la página, uno de ellos saltará y gritará: "¡Que empiece el alboroto!".

Y empieza.

Mis niños no son raros. Cuando yo tenía su edad, me encantaba esta historia tanto como a ellos. Y al hablar con personas como de mi edad, encuentro que este libro tocó, y toca, una relevancia particular con por lo menos dos generaciones de niños estadounidenses, sin importar su origen racial, social, económico o religioso. ¿Por qué?

Si, como nos dice la sabiduría tanto antigua como contemporánea, las historias existen para ayudarnos a categorizar nuestros miedos y nuestras aspiraciones, entonces las historias de niños "desenfrenados" nos recuerdan lo que vemos en todas partes en el arte humano, desde pinturas rupestres hasta música country y el festival de cine de Cannes: tenemos miedo a lo salvaje "allá afuera" en el aterrador universo que nos rodea. Sea que temamos a tigres con colmillos grandes y afilados, al colapso de Wall Street, a la malaria o al inminente divorcio de nuestros padres, ahí hay fuerzas aterradoras y amenazantes que parecen fuera de nuestro control.

Y peor que eso, parece que tememos quizás, sobre todo, al incontrolable "desenfreno" dentro de nosotros: aquellos deseos, pasiones, disgustos, anhelos y tristezas dentro de nuestras psiques que parecen ser aún más aterradores porque están muy escondidos, muy cerca y muy en el centro de quienes somos. El desenfreno dentro de nosotros tampoco parece terminar. Solo se transforma a través del ciclo de vida de rabietas de niños pequeños hasta hormonas adolescentes y crisis de la mediana edad, y más allá.

Tales historias —y son numerosas en cada cultura— nos muestran lo que parece que sabemos de modo intuitivo: que lo desenfrenado, tanto allá como acá, tiene que ser gobernado. Lo salvaje tiene que controlarse y subyugarse. Necesitamos un rey, y debemos ser parte de un reino. Después de todo, Max solo obtiene poder sobre sus "monstruos" cuando adquiere autocontrol, control que viene con su nombramiento de "rey de todos los monstruos".

Si solo fuera así de fácil.

Las "historias de monstruos" de los niños estaban frescas en mi mente una mañana hace un par de años mientras un amigo y yo hablábamos. Lo primero que observé fue que no me miraba a los ojos. Se miraba las manos mientras las abría y cerraba, diciéndome que estaba yéndose al infierno. Al preguntarle por qué, mi amigo (llamémoslo Félix) dijo que se debía a que estaba al borde de la apostasía, todo el tiempo.

—Bueno, yo también lo estoy —contesté.

—No, no comprendes —objetó—. El asunto es realmente malo.

Félix me contó que batallaba contra la atracción de hacer cosas, cosas horribles. Cuando lo presioné respecto al evangelio, pareció evidenciar fe y arrepentimiento creíbles. Pero quería que yo supiera cuán tenebrosos eran sus demonios por dentro.

—Si tú pudieras demostrarme que los huesos de Jesús estuvieran en la tierra del Oriente Medio —manifestó—, saldría de aquí ahora mismo y me emborracharía todo lo que puedo, tomaría cada droga que pudiera hallar, y dormiría con cada mujer que me lo permitiera.

—Yo también —respondí, y creo que se sorprendió cuando lo dije.

Le declaré a Félix que, si los huesos de Jesús estuvieran enterrados, me parecía que su respuesta es exactamente lo que deberíamos hacer: "Comamos y bebamos, porque mañana moriremos" (1 Co. 15:32). La pregunta en vez de esa, más bien es otra.

—¿Crees de veras que los huesos de Jesús están en la tierra?

Los ojos de Félix se llenaron de lágrimas que lo hicieron parpadear con valentía.

—No, creo que Él está vivo —exclamó—. Y por eso es que todo el tiempo lidio con este asunto.

Permíteme darte un término teológico formal para lo que Félix experimenta: vida cristiana normal.

En nuestra conversación era difícil que él fuera el luchador y yo el sabio. En realidad, esta angustia también era mía. Pude verlo claramente en su caso, pero no tanto en el mío. Ambos somos como el niño pequeño en la historia de los niños: miramos fijamente nuestras locuras, esperando convertirnos en rey sobre ellas.

Mientras escribo este libro, he pensado mucho en las memorables imágenes de esa obra para niños. A fin de cuentas, Jesús enfrentó la tentación en un lugar agreste: el desierto. Es más, el evangelio de Marcos nos informa, de alguna forma inexplicable, que allí Jesús "estaba con las fieras" (Mr. 1:13). Y en ese lugar experimentó lo que nuestras sagas, leyendas y cuentos infantiles pueden solo imaginar. Él se convirtió en rey de todos los monstruos silenciando con palabras a las fieras. La Palabra vino al mundo, y lo salvaje no ha podido vencerla.

Sin embargo, sé que a medida que lees este libro podrías preguntarte: "¿Y qué puedo hacer?". Tal vez ahora mismo mires lo que está acosándote, y lo que te gustaría es una serie de pasos que de manera rápida y decisiva hicieran retroceder la tentación. Existen algunas religiones del mundo y algunas filosofías tanto antiguas como modernas que podrían tratar de delinear tales pasos. No obstante, el evangelio cristiano te señalará solamente a Cristo.

Así y todo, esto no significa que no haya un camino a seguir, un medio para resistir la tentación. En una epístola a la iglesia en Corinto, menos de una generación después de la ascensión de Jesús a los lugares celestiales, el apóstol Pablo retomó la cuestión de luchar contra la rebeldía. Pablo les dijo lo que estaba en juego para ellos: una lucha con demonios (1 Co. 10:20) que viene a través de la acción disciplinaria de un Dios Padre (1 Co. 11:32). Colocando a estos cristianos en la historia más grande de tentación y triunfo, el apóstol les pidió resistir, y hacerlo por medio del evangelio. Escribió que la locura no es algo extraño. Las tentaciones de ellos, por raras que puedan parecer, son humanas (1 Co. 10:13). Además, ninguna de ellas es demasiado poderosa como para no poderla resistir.

¿Cómo sabemos esto? Resistimos la tentación del modo en que Jesús lo hizo: por medio de la palabra del reino. Cuando seguimos a Jesús, vemos que el evangelio reclama nuestra identidad, reordena nuestros deseos y reestructura nuestro futuro. Debemos reconocer que estamos viviendo en zona de guerra, un cosmos al que se le está arrancando el dominio de sus amos demoníacos. Ahora mismo somos parte de una contrainsurgencia a través de la misión de Cristo. Solo de esta manera vemos que se rompe el poder de la tentación sobre nosotros, mientras los poderes demoníacos huyen de la presencia del único hombre que temen.

Reclama tu identidad

El problema de mi amigo Félix era el mismo que la mayoría de personas enfrenta en un momento u otro. Sus expectativas del cristianismo eran a la vez demasiado altas y demasiado bajas. Aquí es precisamente donde los poderes satánicos quieren inmovilizarte, volverte arrogante o desesperarte. En realidad, la mejor situación en la que los demonios pueden tenerte es en una combinación de ambos estados, en que rebotas entre los dos. No obstante, el evangelio reorienta nuestra visión de nosotros, de Dios y del mundo al decirnos quiénes somos en Cristo.

Cuando el apóstol Pablo advirtió a los creyentes en Corinto sobre la tentación, comenzó sus comentarios con estas palabras: "No quiero, hermanos, que ignoréis que nuestros padres todos estuvieron bajo la nube, y todos pasaron el mar; y todos en Moisés fueron bautizados en la nube y en el mar" (1 Co. 10:1-2). Esto ante todo indica humildad.

De lo que podemos darnos cuenta por el resto de la carta de Pablo a los corintios es que las personas a las que estaba escribiéndoles persistían en eclipsar el evangelio con una sensación de arrogancia personal. Pablo acalló tal jactancia recitándoles la verdad del evangelio: nadie llega a Dios a no ser si recibe la misericordia inmerecida que se encuentra en la crucifixión y resurrección de Jesucristo. Pablo escribió que de ser esto así, ¿por qué entonces presumían y alardeaban como si no se les hubiera dado esto como un regalo (1 Co. 1:26-31; 4:7)?

Esta arrogancia es especialmente peligrosa cuando se trata de tentación. Todos nuestros antepasados fueron "bautizados". ¿Qué quiso decir Pablo con esto? Declaró que todos ellos atravesaron la nube y el mar, refiriéndose a la huida de los israelitas de la tiranía egipcia a través de las aguas divididas. Habían visto el dinamismo del éxodo libertador de Dios. Sin embargo, la mayoría de ellos terminaron como cadáveres en descomposición en el desierto. Pablo escribió que, si ellos cayeron, seguramente nosotros también podríamos caer.

El apóstol aseguró: "Así que, el que piensa estar firme, mire que no caiga" (1 Co. 10:12). En realidad, de esto es lo que trata el bautismo: "La aspiración de una buena conciencia hacia Dios" (1 P. 3:21). Tu bautismo es una señal de que has sido sepultado con Cristo (Col. 2:12). Al igual que tus antepasados inmovilizados contra el mar, lo único que te ha liberado es el poder de Dios. Entonces, ese arrepentimiento debe ser continuo, recordándote constantemente que eres capaz de cualquier pecado. Eres invulnerable a nada. Disfrazar esta verdad únicamente te lleva a más destrucción. Esta es una razón de por qué el Nuevo Testamento se encuentra lleno con el evangelio. Demasiado a menudo los cristianos contemporáneos suponen que el evangelio es tan solo una herramienta usada por cristianos para convencer a no creyentes a que se arrepientan del pecado y confíen en Cristo. Aun así, las iglesias en Roma, Corinto, Galacia, Éfeso, Filipos, Tesalónica y otras estaban claramente conformadas de creyentes (la Biblia así lo afirma), pero los apóstoles estaban continuamente recordándoles el evangelio. ¿Hacían esto simplemente para ayudarles a ensayar su próximo encuentro evangelístico? No, era porque un creyente está unido a Cristo por medio de la fe que viene a través del evangelio, y esa fe (además de arrepentimiento) es una realidad persistente en la vida cristiana. El evangelio me muestra, en mi primera revelación de Cristo, que soy un pecador, y continúa mostrándomelo a lo largo de mi vida como creyente.

La seguridad de Félix estaba atormentada porque, al igual que muchos cristianos, lo perturbaban la tentación y la necesidad de arrepentimiento. Pero eso es lo que el evangelio hace. El apóstol Juan escribió: "Si decimos que no tenemos pecado, nos engañamos a nosotros mismos, y la verdad no está en nosotros. Si confesamos nuestros pecados, él es fiel y justo para perdonar nuestros pecados, y limpiarnos de toda maldad" (1 Jn. 1:8-9). A veces, cuando el poder convincente del evangelio nos alcanza, vemos esta bendición como una señal de que Dios está lejos cuando en realidad la convicción en medio de la tentación significa exactamente lo contrario. Cuando nos sentimos tentados a creer que estamos más allá de la tentación, el evangelio nos vuelve a preguntar: "¿Quién crees que eres?".

El evangelio trae consigo humildad, pero por definición se trata, por supuesto, de buenas nuevas. Reflexiona otra vez en las palabras de Pablo a los corintios: "No quiero, hermanos, que ignoréis que nuestros padres todos estuvieron bajo la nube, y todos pasaron el mar; y todos en Moisés fueron bautizados en la nube y en el mar" (1 Co. 10:1-2). Si esto no nos deja boquiabiertos en asombro, es solo porque nos hemos acostumbrado mucho al evangelio o porque no tenemos idea de qué se trata.

Las palabras "hermanos" y "nuestros padres" aquí son sorprendentes. Después de todo, Pablo les escribía a gentiles, algunos de los cuales, si no la mayoría, no tenían en absoluto ninguna relación cultural con los israelitas del éxodo. Estos eran forasteros, extraños a las promesas de la Biblia, que sin embargo habían llegado de alguna manera a creer en Jesús. No obstante, Pablo les recordó que en Cristo eran descendencia de Abraham. Ahora eran "hermanos", y tenían en común una historia con Jesús, una historia que cambiaba la forma en que se veían.

Aunque los corintios eran incircuncisos y probablemente los creyentes judíos a su alrededor los juzgaban como "paganos", no se hallaban en la iglesia por accidente. No eran espectadores de la historia bíblica. Es más, los acontecimientos de la Biblia ocurrieron en parte precisamente porque Dios sabía que ellos estarían allí. Pablo escribió: "Mas estas cosas sucedieron como ejemplos para nosotros… Y estas cosas les acontecieron como ejemplo, y están escritas para amonestarnos a nosotros, a quienes han alcanzado los fines de los siglos" (1 Co. 10:6, 11).

Piensa en eso durante un minuto. No solo es que la Biblia sea relevante para tu lucha continua contra lo que esté tentándote. Dios en su sabiduría múltiple sabía que estarías allí. Conocía todo lo que te atormentaría. Este conocimiento era parte de su razón misteriosa para permitir que la historia de la redención sucediera como sucedió, y para que fuera preservada a través de los siglos por medio de sus escritos. Eso significa que no hay nada en tu vida, ni siquiera tu tentación secreta más brutal, que no se tome en cuenta en la palabra del evangelio que se dirige a ti. Y Él se dirige a ti de todos modos, diciendo de ti, si estás en Cristo, es decir, en el evangelio, exactamente lo que afirma de nuestro Señor Jesús: "Este es mi Hijo amado, en quien tengo complacencia".

Además, Pablo mostró a la iglesia en Corinto cómo las tentaciones que hicieron caer a sus padres fueron asuntos del evangelio. Al fin y al cabo, los israelitas probablemente vieron sus "inquietudes" como relativamente mundanas: administración de agua, suministro de alimentos, luchas de liderazgo, etc. Pero había más en operación. Pablo manifestó que ellos bebieron agua "espiritual" de una Roca "espiritual" (1 Co. 10:3-4). Ahora bien, esto no les había parecido "espiritual" a los israelitas. Solo se trató de una roca, y solo era agua. Tendemos a creer que "espiritual" significa fantasmal o algo religioso de otro mundo. Parecía que esto solo era parte normal de la vida. Pero el Espíritu era Aquel que la dio. Y Pablo dijo que esa "roca era Cristo" (1 Co. 10:4). Cuando se rebelaron contra la provisión del Espíritu, en realidad lo hicieron contra los propósitos y el orden de Dios, Aquel en quien todas las promesas divinas encuentran su "sí" y su "amén" (2 Co. 1:20).

Los creyentes corintios tenían dificultad para ver cómo sus tentaciones particulares —disensiones, tolerancia a la inmoralidad sexual, consumo de alimentos ofrecidos a ídolos, desorden en la Cena del Señor, debates sobre la resurrección corporal— tenían que ver con cuestiones mayores de identidad cristiana. En cada caso, el apóstol enmarcó las tentaciones que ellos tenían como asuntos del evangelio. Lo mismo se aplica a todos nosotros.

La libertad del evangelio es el aspecto más importante de resistir la tentación. Recordemos que el poder de Satanás sobre nosotros es ante todo el poder de la acusación y la amenaza de muerte. Sin embargo, en Cristo ya hemos sido condenados, juzgados, ejecutados y resucitados. Estamos "muertos al pecado, pero vivos para Dios en Cristo Jesús" (Ro. 6:11). Independientemente de que respaldes o te opongas a la pena de muerte, tal vez querrías saber de un estado que ejecutó a un asesino y que después hizo flagelar el cadáver en público. Tu incomodidad no sería porque eres indulgente con el asesinato, sino porque ese acto sería increíblemente absurdo. A la postre, un cadáver ejecutado ya no puede castigarse. Ya no tiene vida.

Igualmente, has estado en el infierno, en la cruz de Cristo. Has sido enterrado bajo el juicio de Dios, has sido entregado al diablo y has muerto. Ahora estás en Cristo, oculto en su identidad, y por tanto eres libre de cualquier acusación. Sabes que la verdad no te lleva a ceder a la tentación, sino más bien a huir de ella. Ya no te escondes de Dios.

Jesús venció la tentación porque constantemente creyó la Palabra de Dios acerca de Él: "Eres mi Hijo amado", aunque se hallaba en lugares desolados. Ya que no había pecado en Él, su comunión con su Padre estaba intacta. El evangelio te recuerda continuamente que te encuentras en Cristo, que la vida de Jesús se vive en ti a través del Espíritu, y que por tanto el Padre se agrada en ti. Cuanto más miras hacia Cristo, menos te escondes.

Una de las primeras formas en que puedes saber que te mueves más allá de la tentación y entras en un patrón de pecado es si te encuentras en un tiempo carente de oración. Ese no es solo un "asunto de madurez espiritual", sino una cuestión del evangelio. Eres renovado por medio del evangelio con una naturaleza que anhela tener comunión con Dios. El Espíritu dentro de ti clama: "¡Abba, Padre!" (Ro. 8:15; Gá. 4:6). La oración es exactamente el modo en que experimentas la compasión de tu Sumo Sacerdote que ha triunfado sobre tu tentación. Después de todo, no eres el único que ora cuando oras. El Espíritu mismo ora a través de ti, y mientras lo hace, actúa para alinear tu voluntad y tus deseos con los de Cristo Jesús (Ro. 8:26-27). Si te resistes a orar, podría ser que tú, al igual que Adán e Israel antes que tú, estés escondiéndote en la vegetación, con vergüenza de escuchar el susurro de las hojas que indica que Él está aquí.

Podrías estar auténticamente inseguro de que alguna vez confiaste en el evangelio en primera instancia, y quizás por una buena razón. Tal vez nunca te has arrepentido de veras del pecado, o es posible que nunca hayas visto realmente la gloria de Cristo. De ser así, arrepiéntete y cree. Pero es probable que muchas más personas enfrenten una falta de seguridad de la salvación no porque el Espíritu esté ausente de sus vidas sino más bien porque está presente. Mi amigo Félix creía que tal vez no podría ser cristiano por hallarse en agonía debido a tentación y pecado. Pero esa es la misma definición de cristiano en este lado de la resurrección. Es un incrédulo, no un creyente, quien está tranquilo e imperturbable en medio de su rebelión.

Sin embargo, el Espíritu está obrando para convertirnos en quiénes somos en Cristo, y eso es momentáneamente doloroso. A los poderes demoníacos les interesa mantenernos bajo una falta de seguridad en cuanto a nuestra aceptación por parte de Dios. Si tememos estar bajo juicio, nos escabulliremos de Dios y entraremos a la oscuridad. Nuestra falta de oración nos llevará a encubrir nuestro pecado, y encubrirlo nos llevará a más pecado.

Cuando yo era niño, de vez en cuando visitaba la casa de algunos familiares en otra ciudad. Los chicos de mi edad no exploraban mucho los bosques como a mis amigos y a mí nos gustaba hacer al regresar a casa. Estos familiares eran realmente religiosos intransigentes, y no tenían televisor. Pero tenían libritos cristianos de historietas fundamentalistas, que eran fascinantes. Dichas historietas eran además tétricas y conspirativas como las pésimas revistas de fantasía que no nos permitían leer, pero con una invitación al evangelio al respaldo. Con la mayoría de estas historias solo pasé el tiempo, pero una de ellas casi me mata de susto.

Este pequeño librito de dibujos animados mostraba un hombre muerto en el día del juicio final. La figura de Dios allí no era particularmente aterradora, solo un hombre vestido de blanco y con la cara en blanco (no estoy refiriéndome a expresión; literalmente en blanco, absolutamente sin rasgos faciales) con líneas onduladas que le salían de la cabeza (rayos de gloria, supongo).

No obstante, lo que me aterró fue lo que el librito decía que le ocurrió al hombre. Se le mostró una película, delante de Dios y de todos (y me refiero a todos; sus amigos, vecinos y personajes bíblicos estaban todos allí), con toda la gama de pecados secretos que el sujeto había cometido en vida. El personaje del hombre muerto se retorcía, sudaba y rechinaba los dientes avergonzado, pero no podía negar nada. Todo estaba allí, en esta pantalla. "Esta fue tu vida", anunció un ángel con mirada feroz.

Pensé mucho en ese libro de historietas, y me aterrorizó. ¿Qué pensarían mis padres cuando supieran algunas de las cosas que yo había hecho? ¿Qué haría mi maestra de escuela dominical cuando viera lo que yo estaba pensando mientras nos enseñaba insulsas canciones sobre Noé y su "arquita de gofer"? La sola idea me hizo temblar.

Bueno, el libro de historietas, como otros en dicha serie, podría haber sido un poco exagerado y carente de matices. Pero el miedo me hizo sentir reflejaba la condición humana normal. Este tratado poco profesional puso al descubierto lo que yo sabía intuitivamente que era cierto: "No hay nada en toda la creación que esté oculto a Dios. Todo está desnudo y expuesto ante sus ojos; y es a él a quien rendimos cuentas" (He. 4:13, NTV). Comparativamente hablando, yo no había hecho mucho, pero había hecho suficiente para que me hiciera sentir atormentado y experimentar la sensación de "pelear o volar" delante de esta "horrenda expectación de juicio" (He. 10:27).

Por supuesto, he superado ese libro de historietas, pero aún encuentro que ser expuestos es alienante. Quizás para ti también sea así. Piensa en eso por un momento. ¿Qué temerías que alguien se enterara de tu vida? ¿Qué te horrorizaría si quedara al descubierto delante de tu familia, tus amigos y tus conocidos?

En el arrepentimiento y la fe del evangelio nos exponemos sin temor en el presente al día del juicio final. De eso se trata la confesión de pecado, una revelación de lo que Jesús ya promete revelar en el Día de Cristo (Lc. 8:17). Nuestro problema es que, a menudo, igual que Adán antes que nosotros, queremos ocultar nuestras tentaciones, y especialmente nuestro pecado... cubrirlo para no quedar mal. Sin embargo, ocultar es exactamente lo opuesto que un cristiano hace al ser confrontado con intenciones satánicas. La oscuridad es donde esos males nos atrapan. Más bien, podemos iluminar esto de manera preventiva, con Dios en oración y en auténtica rendición de cuentas al Cuerpo de Cristo, su Iglesia.

Nuestra renuencia cristiana a hablar sinceramente sobre tentación es precisamente por qué cristianos como Félix dudan a menudo de ser creyentes. Lo único que ven de otros creyentes es esta fachada de sonrientes y pacíficos seguidores de Cristo. Suponen entonces que la vida interior de todos los demás cristianos es solo un festival continuo de himnos en oposición a lo que ellos mismos experimentan en su propia vida interior, en la cual estos himnos se interrumpen con constantes chismorreos, ira violenta y pornografía dura. Así es exactamente como los poderes satánicos quieren que sucedan las cosas. Desean que los orgullosos e inconscientes permanezcan así hasta que caen y se escabullen en aislamiento, donde pueden ser devorados. No obstante, predicarnos el evangelio nos recuerda continuamente que somos pecadores y que podemos permanecer únicamente por la sangre de Jesús. Podemos caminar solo por su Espíritu que nos impulsa. Nos necesitamos unos a otros, como partes unidas del mismo cuerpo.

Con frecuencia nuestro orgullo no solo evita que veamos nuestros puntos débiles, sino que también nos impide abrirnos a ser expuestos ante otros en el Cuerpo de Cristo. Las Escrituras dicen que debemos llevar "los unos las cargas de los otros" y que los más fuertes en la fe deben restaurar a los más débiles "con espíritu de mansedumbre" (Gá. 6:1-2). A menudo hacemos exactamente lo contrario. Aquellos que son débiles, que quizás lidian con alguna tentación, no se sienten capaces de hablar con los espiritualmente fuertes. Por el contrario, pueden encontrar empatía solo con quienes son débiles en los mismos puntos.

Por eso es que los "los grupos de rendición de cuentas" de nuestra iglesia para quienes enfrentan alguna tentación particular a menudo están llenos con individuos tentados en las mismas áreas. Hasta cierto punto, esto es sabio. Por ejemplo, alguien que batalla con un desorden alimentario, con frecuencia puede recibir gran ayuda de otra persona que ya ha vencido esto, y lo mismo podría aplicarse a una compulsión sexual, desarmonía marital, ira o cualquier cosa que pudiera ser. Pero los débiles necesitan de los fuertes, y los fuertes necesitan de los débiles para que les recuerden sus propios puntos de debilidad, especialmente cuando están temporalmente sumergidos.

El espíritu de humildad de Cristo que viene a nosotros en nuestro acto inicial de arrepentimiento, representado en nuestro bautismo en Cristo, se manifiesta a lo largo de la vida cristiana cuando confesamos que nos necesitamos mutuamente. De este modo, no escondemos nuestras tentaciones unos de otros, sino que las exponemos a la luz en rendición de cuentas y escrutinio mutuos. En mi propio caso, la mayoría de veces mantengo mis tentaciones y pecados encubiertos debido al orgullo. No quiero ser considerado como alguien débil en algún punto particular, y temo lo que otras personas puedan pensar de mí si confieso que temo no tener los recursos para combatir algo que me está acosando.

Pero esa clase de orgullo aislante es contrario al evangelio. Hemos sido crucificados con Cristo. Ya estamos humillados. En Jesús, nuestros cuerpos fueron colgados en el sol, marcándonos públicamente como pecadores dignos de muerte. Si estamos arrepentidos, nos aferramos siempre de la realidad de que estamos de acuerdo con el justo juicio de Dios contra nosotros. ¿Qué queda entonces para esconder?

El primer paso para combatir la tentación es recordar quién eres en Cristo y ubicar eso dentro de una historia más amplia de la economía del reino de Dios, la economía del evangelio. Esto significa interpretar la Biblia del modo que Jesús la interpreta, no de la manera que el diablo la predica. Aparte de Cristo, simplemente no hay promesas de Dios. En la tentación que le hizo a Jesús, Satanás citó las Escrituras, y recuerda que no citó incorrectamente nada. Dios desea que sus hijos coman pan, no que se mueran de hambre ante las piedras. Dios protegerá a su ungido con los ángeles del cielo. Dios le dará a su Mesías todos los reinos de la tierra. Todo esto es verdad. Sin embargo, lo que es satánico acerca de todo esto es que Satanás quería que nuestro Señor agarrara estas cosas aparte de la cruz y la tumba vacía. Pero estas promesas no pueden separarse del evangelio sin que se conviertan en algo profundamente diabólico.

Puedes irte al infierno creyendo versículos bíblicos imprecisos de Jesús. Puedes leer el mensaje de Salmos 24: "¿Quién subirá al monte de Jehová? ¿Y quién estará en su lugar santo? El limpio de manos y puro de corazón; el que no ha elevado su alma a cosas vanas, ni jurado con engaño" (vv. 3-4). Quizás el fariseo que Jesús mencionó tenía este versículo en mente cuando estuvo en el templo, justo al lado del arrepentido estafador de impuestos. "Te agradezco Dios porque puedo acercarme a ti con manos limpias y un corazón puro", pudo haber dicho. Y sus sucesores aún lo dicen, incluso algunos en las bancas de algunas de nuestras iglesias más fieles. Esa actitud es condenatoria.

No es condenatoria porque el salmo sea falso. Es verdadero. Es condenatoria porque solo hay un hombre con un corazón puro y manos limpias, solo Uno que es la justicia de Dios. Si pretendo llegar a Dios aparte de Él, como si este texto o cualquier otro se aplicara a mí sin tener en cuenta a Jesucristo, solo encontraré condenación. Pero oculto en Cristo, esta promesa es mi promesa. Cuando clamo con el recaudador de impuestos que se declaró pecador: "Sé propicio a mí" y me encuentro en Cristo, todo lo que Dios le ha prometido a Jesús me pertenece a mí.

Piensa en cualquier cosa que esté tentándote ahora. Pídele a Dios sabiduría, a fin de que te abra la mente para que veas las cosas como son. Luego habla con alguien en tu vida, un creyente más maduro o un grupo de creyentes en tu iglesia. Aleja el misterio de todo lo que te tiente, por vergonzoso que sea. No lo conviertas en algo más aceptable. No te preocupes por lo patético que esto te haga lucir. Si estás tentado a pecar contra tu cónyuge, cuéntale qué está tentándote. Sácalo a la luz. Y después ora (esto es difícil) porque Dios ponga al descubierto tu pecado. Por naturaleza vas a querer esconderte detrás de una fachada. El evangelio te expone como pecador, y el evangelio te acepta como hijo o hija. Afirma tu nueva identidad, y no luches contra el Espíritu cuando intente crucificar al antiguo tú.

REORDENA TUS DESEOS

Félix me contó que había estado entrenando frenéticamente en un gimnasio solo para estar agotado en la noche, a fin de no tener energía para pensar en lo que había estado pensando. Esto no funcionaba. No obstante, mientras más hablamos del asunto, más se clarificó lo que Félix esperaba. Lo que deseaba no era solo triunfo sobre el pecado, sino que terminara la tentación. Para él, santificación significa un tipo de paz interior en la cual no quiere lo que no quiere querer. Puedo sentirme identificado. Pero el evangelio no nos promete algo así.

La palabra "lucha" se ha vuelto un cliché, especialmente en círculos cristianos evangélicos. Es una forma de poner una especie de distancia entre mi rebelión y yo. Hay una gran diferencia entre decirles a mis compañeros creyentes que "lucho con la indecisión" y confesar que "soy perezoso". Pero lidiar con la tentación es doloroso. No es por nada que las Escrituras a menudo comparan esta lucha con violencia física: amputarse un miembro o sacarse un ojo (Mt. 5:29-30), estarse quemando (Mr. 9:49; 1 Co. 7:9), o resistir hasta derramar sangre por todo el lugar (He. 12:4). Esto se debe a que nuestros deseos son muy fuertes.

El apóstol Pablo puso la seducción de la tentación en el contexto de los deseos humanos, mostrando cómo los israelitas de antaño pasaron de comer y beber a rebelión y libertinaje total (1 Co. 10:7). Nuevamente, en este punto, las Escrituras nos mantienen lejos tanto de la arrogancia como de la desesperación. Las Escrituras nos advierten que enfrentaremos tentación, y que será desenfrenada. La Biblia también nos dice que debemos resistir la tentación. En realidad, la Palabra de Dios nos promete que tendremos victoria si luchamos contra la tentación. "Resistid al diablo, y huirá de vosotros" (Stg. 4:7). Observa que lo único que es necesario es resistir. Cuando resistes la tentación, el Espíritu se encarga del resto.

Tal vez sientas que tu tentación particular es un poco caprichosa y, en última instancia, irresistible. Te equivocas. Las Escrituras nos dicen que no hay tentación "que no sea humana" (1 Co. 10:13). Ahora, esto no significa que todos queramos exactamente las mismas cosas. Precisamente mientras me encontraba escribiendo este libro me contaron de un hombre que fue arrestado por caminar desnudo por un gimnasio femenino usando únicamente gafas para el sol. Me cuesta mucho entender esto. Le pregunté a un amigo: "¿Qué es tan emocionante acerca de eso? ¿Y por qué las gafas de sol?". Estoy seguro de que hay tentaciones que tengo que no serían ninguna lucha para ti en absoluto. Sin embargo, el punto es que las tentaciones que enfrentamos son variaciones específicas de personalidad de esos puntos comunes de entrada universalmente comunes para el pecado: los lugares donde nuestro Señor Jesús fue tentado en el desierto. Sin importar contra qué estés luchando, eres un pecador, pero no eres un monstruo.

Además, no te dejes engañar por la ilusión de que la fortaleza de tu deseo significa que tus tentaciones sean irresistibles. No es así. Pablo escribió: "Fiel es Dios, que no os dejará ser tentados más de lo que podéis resistir, sino que dará también juntamente con la tentación la salida, para que podáis soportar" (1 Co. 10:13).

¿Ves la libertad en eso? Los poderes satánicos están jugando con las tentaciones que te rodean; sin embargo, tal como con Job, Dios es finalmente soberano aun sobre los espíritus de las tinieblas. Él les dice: "Hasta aquí y no más allá", y basa eso en lo que tu estructura física, espiritual y psicológica puede soportar. Además, en medio de cualquier tentación, Dios ha creado un camino para que escapes de ella.

El Espíritu nos conecta a través del evangelio con la vida de Jesús, haciéndonos como Él. Parte de lo que eso significa es que aprendemos a disciplinarnos, a redirigir nuestros deseos y a cultivar aquellos deseos que fluyen de la vida del Señor. El fruto del Espíritu incluye entonces dominio propio. Podrías leer el subtítulo de este capítulo y murmurar para ti: "Pero no puedo resistir la tentación, no tengo deseos reordenados; mis deseos están tan fuera de lugar como lo estaban el día en que conocí a Cristo". Pero no estás viendo el panorama completo. Deja de pensar en ti como un individuo aislado y empieza a verte como el evangelio te ve: como parte de una unidad de cabeza y cuerpo entre Cristo y su Iglesia. Los deseos de Jesús están ordenados hacia la voluntad de Dios. Como la cabeza, Él está restaurando todo su cuerpo, su Iglesia, en la misma dirección. Ahora mismo esto es como una víctima de derrame cerebral que pasa por terapia física. Eres un dedo del pie que aprende otra vez a responder al estímulo de la cabeza. Si estás en Cristo, tus deseos se alinearán finalmente con los suyos. Cuenta con eso (Ro. 8:29).

Resistir la tentación significa tomar en serio el deseo. Tanto Jesús como Satanás lo hacen. Existe una manera de intentar entrenar a las personas hacia la "victoria" sobre sus deseos simplemente restándole importancia a lo poderosos que son realmente esos deseos. Este es el mensaje de: "Simplemente no lo hagas". Por un momento eso tiene perfecto sentido. Tiene sentido (es más, tiene la "apariencia de sabiduría") decir de aquellas cosas que podrían despertar los deseos de la carne: "No manejes, ni gustes, ni aun toques". Pero tales restricciones "no tienen valor alguno contra los apetitos de la carne" (Col. 2:21, 23).

¿Por qué? Porque los deseos están hechos para ser más fuertes que las decisiones humanas. Tienen el propósito de mostrarte que eres una criatura y de señalarte a Cristo. El antídoto es ver dónde esos deseos apuntan al evangelio y aferrarte al misterio mismo, o más bien, al misterio mismo de Jesús. No obstante, eso no significa que la respuesta sea solo "creer" en más sistemas doctrinales o tener más experiencias "espirituales" (aunque tanto la doctrina como la piedad son esenciales para el discipulado cristiano).

Las Escrituras no le restan importancia a la atracción de los deseos. Los reconoce con honestidad, lo cual es precisamente por qué Dios habla del uso apropiado de todo apetito, desde el de comer, hasta tener relaciones sexuales, dormir, etc. Una visión demasiado carnal del deseo es diabólica. Eso ocurre sea que la carnalidad esté en normalizar y rendirse a los deseos o en pensar que los deseos pueden gobernarse tan solo con reglas externas. Pero una visión demasiado espiritual de las pasiones también es diabólica, y es una visión que no ve cuán primordiales y poderosos esos deseos están diseñados para ser. No tengan relaciones sexuales, les decimos a nuestros adolescentes y adultos jóvenes. Pero dos adolescentes juntos en una bolsa de dormir van a tener relaciones sexuales, a menos que uno de ellos sea la reencarnación de Juana de Arco o esté castrado. Los seres humanos no fueron diseñados para tener esa clase de fuerza de voluntad en ese tipo de situación.

La falta de especificidad entre nosotros, y hacia nosotros mismos, a menudo alimenta la tentación. Si simplemente decimos: "No seas codicioso", el dueño de un tugurio simplemente definirá la *codicia* como aquello que hacen los magnates de Wall Street. Si decimos: "Sé casto", el adulto joven creerá que es sexualmente puro porque solo tiene sexo oral. Si decimos simplemente: "Estén contentos", la familia supondrá que debe contentarse incluso si tiene que amontonar en sus unidades alquiladas y aclimatadas de almacenamiento todas las cosas que les han publicitado. Ser específicos pone al descubierto cómo se enmascaran los diseños de Satanás.

Podrías hablar sin parar sobre "la familia" mientras descuidas a tus hijos. Podrías luchar por la "justicia social, concientizando" acerca de "los pobres", mientras juzgas a tus amigos por cómo son sus tendencias ultramodernas. Podrías pontificar sobre "la iglesia" sin que sepas los nombres de las personas en las sillas a tu alrededor en tu congregación local. La abstracción distancia.

"La familia" nunca aparece inesperadamente para el día de Acción de Gracias, no critica a tu cónyuge ni derrama leche achocolatada sobre tu alfombra; solamente las familias reales pueden hacer eso. "Los pobres" no llegan borrachos a la entrevista de trabajo que has programado, no se gastan en boletos de lotería el dinero que les has dado, ni te dicen que te odian; solamente las personas reales pueden hacer eso. "La iglesia" nunca rechaza tu idea en una reunión congregacional de negocios, no pone un musical de Pascua vergonzosamente malo, ni te pide que limpies los baños antes del campamento de niños la semana entrante; solamente las iglesias reales pueden hacer eso. Mientras "la familia", "los pobres" o "la iglesia" sean conceptos abstractos, pueden ser lo que yo deseo que sean. Lo mismo se aplica a la tentación y el pecado.

El Espíritu nos advierte al respecto. El rey David sabía que el adulterio era malo; pero no quería que *nadie* se metiera en su situación con Betsabé. Jesús enfureció a los fariseos por "invalidar" la ley de Dios mientras hacían caso omiso a sus obligaciones económicas con sus padres, todo bajo el disfraz de soporte religioso activo (Mr. 7:10-13).

La especificidad identifica dónde en particular ha comenzado la tentación (y el pecado que le sigue).

Sin embargo, demasiados detalles específicos al mismo tiempo —en la forma de simples reglas y regulaciones externas— no reprime los deseos, sino que más bien los redirige y exacerba. Es verdad que es más fácil cercar ciertas áreas por temor a caer en ellas. El apóstol Pablo pudo haberse ahorrado mucho espacio en el Nuevo Testamento sobre la ética de comer carne sacrificada a los ídolos simplemente ordenando a las iglesias que sean vegetarianas. Gran parte del diálogo que tenemos actualmente sobre cuánto es "suficiente" y cuánto es "demasiado" para los cristianos se habría resuelto si Jesús nos hubiera dado un ingreso anual máximo... ajustado por la inflación y el tipo de cambio entre nuestra moneda y los denarios romanos. Pero el Espíritu no actúa de esta manera.

Para empezar, eso se debe a que las maquinaciones satánicas son demasiado ingeniosas para esto. El legalismo no solo nos hace miserables, nos condena al infierno mientras nos desplazamos alrededor de las reglas hasta donde yace escondido nuestro apetito, listo para alimentarnos hasta que no queramos más. Por ejemplo, algunas de las escuelas religiosas más rígidas también resultan ser las más hedonistas. Los estudiantes allí están sujetos a regla tras regla sobre el largo del cabello, qué música pueden escuchar y a qué hora acostarse; a los hombres y las mujeres los ponen en aceras diferentes para evitar que se vean tentados. Las reglas son tan súper escrupulosas que es imposible no romperlas. Y al hacerlo, se aprende a desafiar la autoridad.

Al poco tiempo la autoridad misma se ve como algo arbitrario. Al igual que niños con un padre dominante, los estudiantes llegan a la conclusión de que nunca podrán cumplir con estas expectativas y dejan de intentar hacerlo. Aprenden a justificar la regla incumpliéndola mediante el contrabando de música "secular" o a leer con una linterna después que las luces se han apagado. Aprenden a imitar la conformidad externa en público y a burlarse de ella en privado. No utilizan ropa inmodesta ni beben cerveza, pero se bajan entre sí las cremalleras en el asiento trasero de un auto en un estacionamiento a cinco kilómetros del campus, tal vez con alguna de esa música "secular" prohibida reproduciéndose en el fondo.

Ahora bien, ciertos aspectos son tentaciones para todos, y todos los cristianos deberían evitarlos. Esto no es legalismo. Pero hay muchos aspectos en los cuales nuestros puntos débiles no coinciden y respecto a los cuales no podríamos predecir qué destruiría a un hermano o una hermana por quienes Cristo murió. Una persona es sensible a la tentación al comer carne; así que no debería comerla (Ro. 14:2-3). Otra es sensible al alcoholismo; quizás no debería comer en un restaurante donde sirven alcohol. A un individuo le incita la lujuria en los anuncios publicitarios de ropa interior, por lo que evita el centro comercial; otro reconoce que ciertas fiestas lo invitan a chismear, por lo que rápidamente se aleja. Debido a que las tentaciones son específicas a cada persona, a menudo la resistencia a ellas es la misma. La respuesta es equilibrio, gratitud y conocernos en la comunidad lo suficientemente bien para animarnos unos a otros hacia lo bueno y así alejarnos del mal (Gá. 6:1-2).

Por lo general, la santificación no es rápida (al menos como contamos el tiempo). El deseo de dominio con frecuencia llega poco a poco. Podría ser que cualquier cosa que te tiente sea simplemente demasiado "grande" para que la contemples como un todo. De ser así, entonces córtala en pedacitos individuales. Por ejemplo, podrías sentirte tentado a temer lo que otros piensen de ti. Tal vez no sea factible que te comprometas a "dejar de temer". Sin embargo, lo que puedes hacer es empezar con algo pequeño, como armarte de valor para dar tu testimonio en el grupo pequeño de tu iglesia. La victoria que obtienes por medio del Espíritu puede darte el mapa de guerra para seguir venciendo cada vez más este asunto en tu vida. Quizás no puedas ni pensar en cómo "dejar la pereza", pero puedes empezar por levantarte quince minutos antes cada día, aprendiendo la disciplina de negarte a lo que ansías a fin de entrenarte para la piedad.

No obstante, en última instancia, la respuesta a la remodelación de tus deseos es estar en comunión con Dios a través del evangelio, por medio de la renovación de tu mente, como lo declara el apóstol Pablo (Ro. 12:2). La "mente" en las Escrituras no es principalmente tu capacidad cognitiva, como si memorizar versículos bíblicos con fines de información pudiera salvar de la tentación. Por el contrario, es el núcleo de tu habilidad para percibir. Sí, hasta cierto punto eso es intelectual, pero también es intuitivo, personal, emocional e imaginativo. Conoce las Escrituras, pero conócelas como Jesús las conoce, con el evangelio de Cristo en el centro y con la adoración del Dios trino como el centro de atención. Esto significa cultivar no solo el conocimiento como lo pensamos normalmente, sino también la imaginación, tal como Pablo hizo al llevar a los corintios de vuelta a la escena de los delitos de sus antepasados.

Tal como sostiene el escritor David Mills, el cristianismo contemporáneo se equivoca cuando desestima las historias de la fe a favor de las doctrinas o los principios abstractos extraídos de ellas. Mills escribe: "El cambio repentino es una protección mucho mejor de la fuerza de las pasiones que un entendimiento intelectual en sí. Sentir 'Esto es algo desagradable' no es una protección definitiva del pecado, pero es mejor que pensar 'Esto está mal' y sin embargo sentir 'Esto está bien'".[2] Lo mismo es cierto en el sentido positivo inverso. Es infinitamente mejor sentir el peso de la gloria en las Escrituras, conocer el contorno de la forma de las Escrituras, aunque no conozcas los capítulos y versículos específicos, que tener memorización detallada de las Escrituras como una categoría cognitiva. Temo que haya algunos que podrán diagramar en griego las últimas palabras que alguna vez hayan escuchado: "Apártate de mí, hacedor de iniquidad". Tal conocimiento cognitivo es de poca utilidad en la lucha contra los demonios.

Esto significa saturación en las Escrituras a medida que oras a través de ellas, en lugar de rastrear todos los versículos bíblicos que necesitas para confrontar cualquier pecado que estés enfrentando en el momento. Jesús no estudió Deuteronomio 6 y 8 a fin de pelear contra el diablo en el desierto. Estos pasajes simplemente estaban allí, incrustados en su imaginación moral. Y cuando escuchó los ofrecimientos del demonio, estos no parecieron fieles a la mejor voz que había escuchado en los escritos antiguos. Dios sabe lo que necesitarás para combatir tus tentaciones actuales y futuras. Te resultará asombroso cómo las palabras te conformarán y cómo el Espíritu te dará fortaleza para cumplir esas palabras.

---

2. David Mills, "Enchanting Children," *Touchstone: A Journal of Mere Christianity* (diciembre, 2006), p. 21.

El evangelio nos llama a escuchar al Espíritu, en las Escrituras y a través de nuestra formación divina mediante la disciplina providencial de Dios. Cuando leas las Escrituras, pídele al Señor que examine tu corazón y te discipline. Al leer las palabras: "Bienaventurado el varón que no anduvo en consejo de malos" (Sal. 1:1), podrías orar: "Señor, muéstrame las maneras en que escucho consejo malvado". Cuando leas: "Bienaventurados los mansos, porque ellos recibirán la tierra por heredad" (Mt. 5:5), podrías orar: "Dios, te suplico por favor que te opongas activamente a toda arrogancia que yo tenga para intentar hacer mi voluntad". Ruega al Señor que te muestre lo que no ves, y lo que no quieres ver. Salomón pidió sabiduría, y la recibió porque era el ungido de Dios. Tú también lo eres, si estás en Cristo. Por eso, precisamente, Santiago nos exhorta a pedir sabiduría cuando carecemos de ella (Stg. 1:5).

Sobre todo, cuando buscas madurez, sabiduría y autocontrol para disciplinar tus deseos y alinearlos con los de Jesucristo, no esperes que la lucha termine. Nunca entrarás a un momento de ser librado de la tentación hasta que experimentes que tu cabeza se levanta de la tierra frente a una tumba con tu nombre inscrito en la lápida. Hasta ese día de resurrección habrá una escaramuza. Triunfarás sobre tentaciones específicas, sí, pero volverán. A veces tu deseo por alguna tentación se evaporará por completo. Por ejemplo, puede que conozcas al adicto a la heroína que no desea volver a la droga. Pero eso es muy raro. La mayoría de nosotros luchamos constantemente contra las mismas tentaciones persistentes. E incluso cuando esas tentaciones se van, otras las reemplazarán, a menudo más desagradables y más fatales que la primera.

Esta es la parte que más asusta a la mayoría de personas. Podemos identificarnos con el niño pequeño que sueña con "monstruos" porque parece que simplemente no pueden domarse. Cuando los berrinches pasan de afuera hacia adentro, te asustas. Cuando experimentas una fantasía sexual mientras estás sentado en el templo, te alarmas. Te preguntas si la lucha que soportas es tan inútil como las piedras que los niños lanzan a una central nuclear. Pero no estás viendo muy claramente tu propia lucha, o la estructura cósmica más grande. "Aún no", como las Escrituras declaran, "habéis resistido hasta la sangre" (He. 12:4).

Además, sabes que puedes vencer todo aquello contra lo que te enfrentas. Seguro, puedes tener una base genética para esas ansias alcohólicas, ese deseo sexual, o ese mal genio. Pero el hecho de que sientas eso significa que Dios te diseñó sabiendo que seguirías a Cristo incluso con ese aguijón en la carne o en la psiquis (1 Co. 10:13). Al enfrentar tentación, debes saber que Dios está guiándote, tal como el Espíritu guio a nuestro Señor Jesús dentro y fuera de su prueba en el desierto. La tentación misma debe ser una revelación para ti. Dios está diciéndote: "Te he creado y dotado con la habilidad para alejarte de esto".

Sin embargo, el problema es que a menudo creemos que librarnos de la tentación, algo prometido por Dios, significa escapar de la agonía de luchar contra la prueba, lo cual no es así. No ores pidiendo que acabe la lucha. Ora porque tu guerra sea más eficaz mientras esquivas los dardos feroces en el camino hacia el reino. La paz es parte del fruto del Espíritu, pero es paz con Dios y con los demás. Enfáticamente no es paz con el mundo, la carne y el diablo. Por eso es que la Biblia puede incluir una declaración al parecer discordante acerca de la paz como: "El Dios de paz aplastará en breve a Satanás bajo vuestros pies" (Ro. 16:20). No te desanimes ni te deprimas si luchas en agonía contra tus tentaciones. Eso significa que el Espíritu Santo está allí. Y donde está el Espíritu, por ahora de todos modos, hay guerra (Gá. 5:17).

REESTRUCTURA TU FUTURO

Hace varios años, Jéssica, una nueva cristiana, encontró en su alcoba a su padre colgado de una cuerda, muerto por su propia mano. Ella quedó angustiada por este horror, desde luego, y más aún porque fue evidente que él había planeado que lo hallaran en un lugar donde fuera su hija quien lo encontrara. En la nota de suicidio criticaba a la joven y la recriminaba, calificándola de decepción y fracaso.

Durante años, Jéssica no quiso enamorarse, ni quería casarse, porque conocía su destino. Su padre no estuvo solo en su suicidio. El padre de él había hecho lo mismo, e igual su abuelo. Jéssica creía que había algo siniestro en sus genes, y veía las mismas tendencias depresivas en sí misma que su padre tenía a la edad de ella. Podía vislumbrar el futuro que le aguardaba: colgando de una cuerda. Ella simplemente no quería que ningún niño allí sufriera durante otra generación como había ocurrido con la generación de ella.

Bueno, es posible que no experimentes delante ni detrás de ti un escenario tan horrible como ese. Pero hay algo allí. Y muchos de nosotros a menudo nos sentimos tan indefensos como Jéssica al examinar nuestros patrones pasados y nuestros prospectos futuros. Pero ella se equivoca en la manera en que ve la situación, y tú también te equivocas. Tú no eres tu historia, ni eres tu destino. Si estás en Cristo, eres una nueva criatura. Tu pasado es su pasado y tu futuro es su futuro. No tienes que ser lo que has sido hasta ahora.

En cierto sentido, Jéssica está realmente dotada de una percepción que muchos de nosotros no podemos ver (o que simplemente pasamos por alto). Ella ha mirado el posible resultado de su vida si sigue una senda en particular. Si acepta esto como cristiana, en realidad podría demostrar que es una manera de fortalecer su resistencia a la tentación.

El apóstol Pablo advirtió a la iglesia en Corinto sobre las consecuencias del pecado, mostrándoles una imagen de una realidad alternativa: lo que sucedería si caen en las artimañas de Satanás. Pablo escribió que los antepasados de los israelitas "perecieron por las serpientes" y que "perecieron por el destructor" (1 Co. 10:9-10). Veintitrés mil de ellos "cayeron en un día" (v. 8), "quedaron postrados en el desierto" (1 Co. 10:5). El apóstol escribió que este es un "ejemplo" para nosotros (v. 11). De nuevo, está claro que estos eran creyentes en la iglesia en Corinto. Pero sin embargo el apóstol creyó que debían saber sobre el desastre que podía esperarles, un tema constante a lo largo de la Biblia. Dios utiliza advertencias para evitar que caigamos.

Cuando enfrentes cualquier tentación que se alce contra ti, considera la advertencia de desastre temporal. La simple verdad es que cuando estás a punto de ceder a una tentación, no sabes lo que realmente quieres. El pan que anteriormente fue duro como piedra podría tener buen sabor, pero Jesús sabía que no valía la pena ser excluido de la mesa de Dios, quien ha diseñado el universo en tal manera que florecemos cuando caminamos de acuerdo con el cosmos y no contra este. Tomar a un perro por las orejas podría parecer algo emocionante de hacer en el momento, pero la observación de la naturaleza humana, de la del perro y de la manera en que el mundo funciona debería evitar que lo hagamos (Pr. 26:17).

En el libro de Proverbios, un padre mostró a su hijo las consecuencias inevitables del adulterio. No solo se dan a conocer los resultados escatológicos (aquellos que podemos conocer por fe), sino también los que pueden observarse por vista durante la vida. El amargo final de este éxtasis momentáneo es desgracia y ruina (Pr. 5:8-14). En su disciplina providencial para nosotros, Dios tiende a ponernos delante tales imágenes para que las observemos y tengamos cuidado. Hace tiempo supe de un pastor a quien yo siempre había respetado, y que fue atrapado en un patrón secreto de pecado. Lo que se grabó en mi conciencia no fue su pecado (que no era tan extraño) ni incluso la pérdida de su ministerio, su reputación y su hogar. Lo que más recuerdo es que lo escuché hablar de lo duro que fue conducir durante varias horas hasta el dormitorio de su hija en la universidad para decirle lo que papá había hecho. Ni siquiera tengo una hija, y mis hijos aún están lejos de la edad universitaria, pero pude imaginar con horror tal escenario. La ruina humana de tal condición me impresionó, y me asalta incluso ahora. A menudo, en momentos como este, lo que escuchas es al Espíritu que dice: "Este fácilmente podrías ser tú. Escucha y ten cuidado".

Esta es una de las razones por las que necesitamos una intimidad entre generaciones en nuestras familias y nuestras iglesias. En estos días, la mayoría de personas pasan gran parte de sus vidas mirando pantallas y "consumiendo medios de comunicación". Las generaciones anteriores habrían terminado sus tardes todos reunidos alrededor escuchándose, contando historias, cantando baladas o recitando leyendas. Algo se perdió entonces. Cuando lo único que tengo es mi grupo de compañeros y el "entretenimiento" comercializado para este grupo, pierdo la clase de perspectiva que ve el castigo merecido del orgullo, el corazón destrozado del libertinaje sexual o la tristeza de morir con nada más que un montón de cosas amontonadas a mi alrededor.

Además, todos debemos enfrentar las tentaciones exclusivas que vienen con cada etapa de la vida. Enseñamos a nuestros hijos con anticipación que la pubertad significa que "sucederán muchas cosas extrañas". ¿Por qué no hacemos lo mismo para lograr que hombres mayores preparen a los de treinta-y-tantos para la caída de testosterona que a menudo provoca una llamada "crisis de la mediana edad"? ¿Por qué no pueden mujeres mayores enseñar a las más jóvenes a manejar la agitación hormonal que suele venir con la menopausia y cómo enfrentarla a la manera de Cristo? ¿Por qué los adultos mayores en nuestras congregaciones no advierten a las generaciones más jóvenes acerca de la tendencia hacia la amargura, el desánimo o la rabia que vienen con la debilitación de la salud o la vida en las residencias para ancianos?

Al resistir la tentación, vigila de cerca las historias que te rodean, no con lascivo interés y sin duda no con una sensación de superioridad moral, sino con sensación de empatía advertida. Podrías estar en cada una de esas situaciones. Siente el horror que viene con cada una de estas historias.

Sin embargo, también ten delante de tu conciencia las advertencias de pérdida eterna. Reconozco que esta sección probablemente atribulará a muchos lectores, así que déjame comenzar diciéndote lo que no estoy discutiendo. No hablo de que deberías preguntarte si Jesús te rechazará o no, y que irías al infierno. Creo que alguien que auténticamente nació de lo alto mediante el Espíritu seguirá en esa fe hasta el mismo final. Aquel que cree en Cristo será levantado con Él en el día final (Jn. 6:40). Pero al mismo tiempo no se salvará nadie que no "persevere hasta el fin" (Mt. 10:22; 24:13; Mr. 13:13). El Espíritu asegura que la fe viva que empieza al inicio de la vida cristiana continúa a través de ella.

Y el Espíritu utiliza advertencias, así como promesas, para animarnos a la fe y al arrepentimiento continuos.[3] Si me siento tentado a negar a Jesús frente a la persecución, el Espíritu me incita a recordar que "cualquiera que me niegue delante de los hombres, yo también le negaré delante de mi Padre que está en los cielos" (Mt. 10:33). Cuando estoy tentado a no perdonar, el Espíritu me lleva a considerar esta advertencia: "Si no perdonáis a los hombres sus ofensas,

---

3. Para una excelente defensa de los pasajes de advertencia como un medio de persistir en la fe, véase Thomas R. Schreiner, *Run to Win the Prize: Perseverance in the New Testament* (Wheaton, IL: Crossway, 2010).

tampoco vuestro Padre os perdonará vuestras ofensas" (Mt. 6:15). Esto no necesariamente crea falta de seguridad. Al fin y al cabo, el apóstol Pablo sabía con total seguridad que era salvo; había visto al Señor Jesús y había oído su voz diciéndoselo (Hch. 9:1-19). No obstante, Pablo escribió a los corintios tentados acerca de sí mismo: "Golpeo mi cuerpo, y lo pongo en servidumbre, no sea que habiendo sido heraldo para otros, yo mismo venga a ser eliminado" (1 Co. 9:27). La gravedad del infierno ante nosotros no nos roba la seguridad, sino que realmente nos impulsa hacia ella porque crea arrepentimiento. El arrepentimiento y la confesión de pecado son los medios por los cuales nuestras conciencias son limpiadas (1 Jn. 1:9).

Más importante que las advertencias son las promesas. Dios sabe, tanto en el corto plazo como en términos eternos, lo que se necesita para darnos paz, realización y la existencia que anhelamos. Si lo inmediato es lo único que ves, vas a ser incapaz de ver el gozo venidero, por ejemplo, al poder sostener la mano de tu cónyuge que tiene demencia, sabiendo que nunca violaste tu pacto matrimonial. No es fácil ver el tipo de gozo que viene con finalizar una "pequeña" pero buena vida en oposición a tener una existencia poderosa pero miserable. No sabes qué es lo mejor para ti. Ni siquiera sabes lo que realmente quieres. A veces lo que queremos es el infierno. Tu Padre sabe lo que es mejor para ti, y preparará tus afectos hasta que tú también lo desees.

Aún más grande que la bendición temporal, que a menudo es difícil de ver a través de ojos finitos y pecaminosos, es "la certeza de lo que se espera, la convicción de lo que no se ve" (He. 11:1). Parte de esto es porque ahora mismos nos es sencillamente imposible comprender tal gloria (1 Co. 2:9). Además, aprendemos a esperar lo que todavía ni siquiera percibimos porque Dios sabe que eso produce la paciencia que proporciona el carácter que necesitaremos para gobernar como reyes y reinas sobre su creación (Ro. 8:18-23; 1 P. 1:4-9; 2 P. 1:5-11). Esta paciencia emergente es una señal de que nos estamos volviendo "participantes de la naturaleza divina" (2 P. 1:4), junto con nuestro Señor Jesús. Finalmente podremos ver por qué nuestra promesa se demora cuando nos vemos en el contexto de toda la iglesia, esa multitud que ningún hombre puede numerar entrando por el milenio "imponente como ejércitos en orden" (Cnt. 6:10).

Una vez más, aferrarse a las promesas de Dios no es principalmente una actividad intelectual. Es ante todo una recepción de gloria, una gloria que se percibe por algo más que solamente capacidad cognitiva. El profeta Isaías quedó deshecho por la luz de la gloria de la presencia de Dios (Is. 6:1-6). El apóstol Juan nos informa que la gloria que Isaías vio era Jesús de Nazaret (Jn. 12:41). Cuando escuchamos el evangelio predicado, y adoramos juntos a través de Jesús, la gloria de Dios se abre paso (2 Co. 4:6). Algunas personas retroceden ante esa luz; otras corren hacia ella (Jn. 3:19-21).

En ocasiones, lo más eficaz que puedes hacer para combatir la tentación es dejar por un tiempo tu grupo de rendición de cuentas y sentir un anticipo de la Nueva Jerusalén con tu congregación local, entonando himnos y cánticos, comiendo el pan y bebiendo el vino de la Cena del Señor, y oyendo la voz de Jesucristo a través de la Palabra predicada. Al hacerlo, recuerda que eres parte del cuerpo transnacional, transgeneracional, transétnico de los redimidos. Quienes ahora cantan contigo en el cielo ya experimentaron tus luchas. Esa nube de testigos se reúne alrededor de ti, estimulándote con esperanza. Los que te rodean también gimen por la misma redención que ansías. Y delante de todos se encuentra Cristo Jesús, quien fue tentado, probado, torturado y, sin embargo, finalmente salió triunfante. Cuando percibes su gloria invisible, empiezas a ver lo que parecía increíble en el desierto. Descubrirás que podrás decir, como hizo el escritor Flannery O'Connor: "Creo que el amor es eficaz en el largo plazo".[4]

CONCLUSIÓN

Cuando leo a mis hijos acerca de los "monstruos", al final siempre parecen tranquilos. El "alboroto" se calma cuando el libro coloca en su cuarto al travieso y joven héroe después que su viaje ha terminado. Es la misma alcoba a la que su madre lo había enviado sin su cena debido al mal comportamiento del chico. Pero ahora, después de su tiempo

---

4. Carta de Flannery O'Connor a Betty Hester, citada en Brad Gooch, *Flannery: A Life of Flannery O'Connor* (Nueva York: Little, Brown, 2009), p. 337, de Flannery O'Connor, *Collected Works* (Nueva York: Library of America, 1988), p. 948.

con los monstruos, encuentra su cena esperándolo en su habitación. "Y todavía está caliente", concluye el libro.

En el momento que se publicó este libro, el eminente psiquiatra Bruno Bettelheim declaró que la naturaleza aterradora de la historia se encontraba en el "tiempo fuera" en el mismo cuarto. Bettelheim afirmó: "La ansiedad básica del niño es el abandono. Ser enviado a la cama solo es un abandono, y sin comer es el segundo abandono. La combinación es el peor abandono que puede amenazar a un niño".[5] No estoy seguro si el psiquiatra ha leído correctamente la historia, pero estoy seguro de que todos, y no solamente los niños, estamos temerosos en algún nivel de ser abandonados. Y por eso es exactamente que las tentaciones de Jesús llevan una nota tan primordial de liberación y libertad para todos nosotros. Es difícil imaginar una escena que parezca más como abandono que morirse de hambre en un desierto. Pero incluso allí, Jesús no fue abandonado por el Padre. Y nosotros tampoco.

La tentación parece irresistible porque nuestros afectos aún no han sido entrenados por completo para la gloria que nos espera. Además, la tentación a menudo nos empuja al pecado porque todavía no hemos aprendido totalmente a creer que "fiel es Dios" para proveer "la salida" de nuestro desenfreno (1 Co. 10:13). Como niños aterrados por los monstruos, retrocedemos hacia el "espíritu de esclavitud" y volvemos a "estar otra vez en temor" (Ro. 8:15). No obstante, el evangelio nos recuerda, durante toda la vida, que tenemos a Alguien que se ha adelantado "por nosotros como precursor" (He. 6:20). Por tanto, escuchamos una voz que nos dice: "Esfuérzate y sé muy valiente", porque "no te dejaré, ni te desampararé" (Jos. 1:5, 7), por desenfrenado que te sientas por dentro. Él es el único con la autoridad para decirle al diablo: "Vete".

En mis lecturas bíblicas nocturnas con mi familia leo una narración seleccionada en el canon, pero cada noche mis hijos me suplican que lea "la de la serpiente". Por alguna razón les gusta escuchar sobre Moisés combatiendo los feroces reptiles en el desierto con la serpiente de

---

5. Selma G. Lanes, *The Art of Maurice Sendak* (Nueva York: Abrams, 2003), p. 104.

bronce en el asta, y sobre los afligidos que reciben curación al mirar el emblema de la misma maldición que está matándolos. Mis pequeños no simplemente tienen una fascinación mórbida con serpientes venenosas entre los israelitas errantes. Es más, nunca están satisfechos de terminar la historia allí.

Ellos esperan en silencio hasta que nos volvemos a lo que llaman "la otra asta", la imagen de la cruz de Cristo. Ahí es cuando les cuento lo misteriosamente que este hombre ejecutado, al parecer indefenso, confrontó a la serpiente del Edén allí en "la otra asta" y finalmente hizo lo que Dios había prometido desde el principio de la historia: le aplastó la cabeza. Salió más allá de las puertas de Jerusalén hacia "donde viven los monstruos", y conquistó el desenfreno para siempre.

Mis muchachos parecen dormir mejor después de escuchar eso.

Y yo también.

7

(No una)
CONCLUSIÓN

Si vas a cometer un pecado, el bautisterio de una iglesia es un lugar terriblemente incómodo para hacerlo. Y cinco minutos antes de identificarte públicamente con Jesucristo también es un momento incómodo para hacerlo. Pero sinceramente, en ese instante yo le animaba, y era también el predicador.

Este nuevo convertido y yo estábamos parados en el pasillo detrás del estrado en mi iglesia, a pocos pasos del bautisterio donde yo llevaría a cabo el antiguo rito cristiano que lo identificaría como nuestro hermano en Cristo. A cada momento, el hombre se retorcía el anillo en la mano izquierda, se frotaba la parte posterior del cabello y caminaba hacia el pote de basura para escupir.

Creo que esto se debía en parte a sus ansias reales de fumarse un cigarrillo, y en parte a que todo era nuevo para él. Creo que ni siquiera conocía aún la diferencia entre lo que significaban los números grandes y los pequeños en su Biblia, mucho menos la diferencia entre las letras rojas y las negras. Por lo que me había confesado, había mucho de sexo maníaco, frascos vacíos de pastillas, y humo viciado de marihuana en el pasado que él estaba dejando atrás. Había estado en muchos lugares, pero nunca había planeado estar aquí.

Le mostré el agua y le aseguré que no estaba muy fría, que yo no lo sumergiría mucho tiempo y todas las demás cosas que tienden a poner nerviosas a las personas. Le dije todo lo que ocurriría en pocos minutos, cuando saliéramos del agua frente a su nueva y emocionada familia de la iglesia. Por la forma en que sonrió y se enjugó las lágrimas, me di cuenta de que estaba emocionado. También me di cuenta por la forma en que seguía mirando la puerta lateral, que no había descartado completamente salir corriendo del lugar.

Le dije que le haría tres preguntas allí en el agua en frente de la congregación que observaba. La primera era: "¿Confiesas con tu boca a Jesucristo como Señor?". Asintió con la cabeza. "¿Crees en tu corazón que Dios lo levantó de los muertos?". Volvió a asentir. "¿Renuncias al diablo y a todas sus obras?". Miró hacia delante y gritó: "¡Dios mío!".

Me estremecí, pero no porque me hubiera ofendido. Este es un dicho bastante común en la cultura estadounidense contemporánea. Por lo general no me importa lo que los demás digan cerca de mí, especialmente los incrédulos y nuevos creyentes, y en especial no algo tan relativamente suave como eso. Solo temí que la pareja de ancianos, que estaban allí con nosotros para ayudar con los detalles de último minuto, pudieran reprenderlo por "tomar en vano el nombre del Señor". Ya habían intercambiado entre sí miradas molestas cuando el sujeto había usado la palabra "maldición". Me alegré de que hubiera dicho eso, porque me di cuenta de que era un eufemismo de muy reciente adquisición.

Sin embargo, lo que importaba no era tanto lo que él dijo como lo que debió haber estado dándole vueltas en la mente. No le pareció increíble que yo le pidiera que afirmara que alguien que había muerto y resucitado hacía dos mil años fuera ahora el Señor de aquel esclavo de por vida. El hombre ya había lidiado con eso cuando escuchó las afirmaciones del evangelio y las creyó. Simplemente se sorprendió al oírme pronunciar esa declaración sobre el diablo. No era que la encontrara demencial (bueno, quizás un poco), sino horripilante. Nunca había pensado respecto a Satanás en términos tan personales y tan controvertibles. Era como si hubiera entrado en otra dimensión, una en la que personas chorreando agua se ofrecen a pelear contra demonios.

Eso se debió a que él lo había hecho.

Al subir las escaleras hacia el bautisterio con el nuevo convertido y esperar que terminara la música del coro para que pudiéramos salir del agua, pensé en lo que él enfrentaría pronto. En algún momento dudaría si todo esto era real o no, si su culpa se había ido de veras y si realmente había sido lavado mediante la sangre de alguien más. El hombre se sentiría arrastrado hacia algunos de los antiguos patrones que solía conocer, y sería doloroso decir no. La claridad con la que veía ahora la eternidad, tanto el juicio del que escapaba como el reino en el que se resguardaba, disminuiría y las cosas cotidianas parecerían mucho más apremiantes, mucho más reales.

Cuanto más cavilaba yo en la exclamación que había lanzado el individuo, más culpable me sentía. Como ves, yo había estado trabajando en la escritura de este libro, y había pasado mucho tiempo pensando en las artimañas satánicas y en las estrategias cristianas opuestas para frenar la tentación. Pero a pesar de todo, seguí eludiendo el punto principal.

Espero que ahora que estés terminando este libro (a menos que seas de aquellos que empiezan los libros por el final y leen al revés), hayas obtenido un poco más de percepción sobre lo que está pasando en la escaramuza de tu vida. Espero que reconozcas los ofrecimientos satánicos que te vienen por provisión autodirigida, por protección o por exaltación. Espero que veas cómo nuestro Señor Jesús puede interceder por ti, cómo el Espíritu puede luchar a través de ti. Pero sobre todo, espero que veas lo que es más importante. No puedes triunfar sobre la tentación. Solo Jesús puede hacerlo.

Lo que a menudo deseo es una manera infalible de detener la tentación, ya que podría hacer mucho más con mi vida. Lo que realmente quiero es volverme más sabio que Dios. De alguna forma creo que una vida sin tentación sería mejor y que no necesito las pruebas que Él me permite atravesar a fin de estar listo para todo lo que venga. Pensándolo bien, esa mentalidad implica rendirse a cada una de las tentaciones: proveer para mis propias necesidades, protegerme del peligro, exaltarme como señor.

Cuando saqué de las aguas bautismales a mi nuevo hermano en Cristo y escuché su túnica blanca chapoteando mientras él descendía los peldaños desde el bautisterio, casi de inmediato quedé avergonzado. Me avergoncé de haberme estremecido ante su expresión anterior de incredulidad. Es cierto, él usó el nombre del Señor, pero no había nada de vano en ello.

El hombre tomó mis palabras muy en serio, algo que yo había perdido al repetirlas tan a menudo. Se marchaba de esas aguas para pelear contra el diablo, tal como su Señor había hecho. Y sintiendo algo de aquello con lo que se enfrentaría, hizo exactamente lo que su Biblia profetizó acerca de su Cristo miles de años antes: "Él me clamará: Mi padre eres tú, mi Dios, y la roca de mi salvación" (Sal. 89:26).

De eso trata realmente este libro. Quiero que veas en qué peligro te encuentras. Deseo que veas cuánto se ha luchado por ti. Y anhelo que te sientas motivado a dejar el libro y orar al Único que sabe cómo "deshacer las obras del diablo" (1 Jn. 3:8). Además, yo también quiero recordar hacerlo.

Oh, Dios mío.